山地轨道工程安全生产标准化建设与管理

四川省交通建设集团有限责任公司
四川蜀兴优创安全科技有限公司　编

华中科技大学出版社
中国·武汉

内 容 简 介

本书首次提出了山地轨道工程安全生产标准化管理体系建立、保持与评定的原则和一般要求。第一章阐述了总则与术语，形成概述。第二章"基础管理"介绍了山地轨道工程项目安全生产标准化建设的目标与考核、安全管理机构和人员、安全责任体系、安全管理制度、安全投入、教育培训、安全技术管理、设备设施管理、安全文化、职业健康、安全生产事故管理、绩效评定与持续改进等核心技术要求。第三章"风险管控和隐患排查治理"介绍了如何进行施工安全风险评估、危险有害因素辨识、事故风险分析、隐患排查治理等内容。第四章"应急管理"解答了如何编制应急预案、如何配备应急队伍、如何管理应急物资、如何开展应急演练、如何制定现场处置方案的问题，并介绍了项目应急组织体系和14种专项应急预案。

图书在版编目（CIP）数据

山地轨道工程安全生产标准化建设与管理 / 四川省交通建设集团有限责任公司，四川蜀兴优创安全科技有限公司编. -- 武汉：华中科技大学出版社，2024.9. -- ISBN 978-7-5772-1349-1

Ⅰ.U2-65

中国国家版本馆CIP数据核字第2024PE1553号

山地轨道工程安全生产标准化建设与管理　　四川省交通建设集团有限责任公司
Shandi Guidao Gongcheng Anquan Shengchan　　四川蜀兴优创安全科技有限公司　编
Biaozhunhua Jianshe yu Guanli

策划编辑：	张　毅
责任编辑：	张　毅
封面设计：	廖亚萍
责任监印：	朱　玢
出版发行：	华中科技大学出版社（中国·武汉）　电话：(027)81321913
	武汉市东湖新技术开发区华工科技园　邮编：430223
录　　排：	武汉正风天下文化发展有限公司
印　　刷：	武汉市洪林印务有限公司
开　　本：	710mm×1000mm　1/16
印　　张：	14.75
字　　数：	263千字
版　　次：	2024年9月第1版第1次印刷
定　　价：	89.00元

本书若有印装质量问题，请向出版社营销中心调换
全国免费服务热线：400-6679-118　　竭诚为您服务
版权所有　侵权必究

编委会

编委会主任：孙　伟

编委会副主任：李　涛　董　涛

编委会成员：蒋焰华　罗　成　秦培均
　　　　　　　张　燕　李东林

前　言

　　山地轨道交通在国内是全新制式的轨道交通方式,具有占地小、运量大、舒适便捷的优点,在运输能力、速度和安全性方面具有突出优势,对实现国土均衡开发、缩小地区差别、建立统一的市场经济体系、提高现代物流效率具有重要作用。

　　实施山地轨道工程安全生产标准化建设,是对山地轨道企业安全生产的方方面面提出明确具体的要求,解决安全生产工作"做什么、怎么做"的问题,更好地引导企业承担安全生产责任,做好安全生产工作。同时,本书可以进一步规范山地轨道从业人员安全行为,提高机械化和信息化水平,促进现场各类隐患排查治理,推进安全生产长效机制建设,有效防范和坚决遏制事故发生,从而促进全国山地轨道项目安全生产状况持续稳定改善。

　　四川省都江堰至四姑娘山(简称都四)山地轨道工程是我国首个落地建设的山地轨道(轮轨+齿轨)交通项目,开启了全国新制式轨道交通产业发展的大门,对促进成都平原经济区与川西北生态示范区协同发展,带动沿线地区乡村振兴具有重要意义。本书以都四山地轨道工程为例,系统讨论了山地轨道工程建设项目标准化建设与管理,探索了山地轨道工程建设项目标准化评价细则,填补了山地轨道交通领域安全生产标准化建设标准的空白,为山地轨道工程建设提供安全生产管理方面的方向指引和标准化建设方面的参考。

　　本书主要以四川省都四山地轨道工程在建设施工管理方面的成功经验为蓝本,经过认真梳理、整理、归纳和总结提炼,参照交通运输其他领域安全生产标准化管理的成熟做法编撰而成。

　　本书由都四山地轨道交通项目孙伟主持编写,四川省交通建设集团有限责任公司李涛、董涛,四川省交通建设集团有限责任公司都四山地轨道交通项目DSZH标项目经理部蒋焰华、罗成,四川蜀兴优创安全科技有限公司秦培均、张燕、李东林编写。

　　限于编者水平,同时由于山地轨道工程建设安全生产标准化的理论和实践还处于发展中,山地轨道工程建设安全生产标准化管理体系的创建还处于探索

I

之中，书中错漏之处在所难免，期望指正。

在此，对给予我们信任和支持的部门、组织、企业及有关专家、同仁表示衷心的感谢。

本书编委会
2024 年 10 月

目 录

第一章 概述 ························· 1
 第一节 总则 ························· 1
 第二节 术语 ························· 1

第二章 基础管理 ························· 3
 第一节 目标与考核 ························· 3
  一、如何制定目标 ························· 3
  二、如何制定目标保证措施 ························· 3
  三、如何进行目标考核 ························· 3
 第二节 安全管理机构和人员 ························· 4
  一、建立安全组织机构和配备相关人员的依据 ························· 4
  二、管理机构和人员职责 ························· 4
  三、如何开展安全生产会议 ························· 6
 第三节 安全责任体系 ························· 7
  一、如何健全责任制 ························· 7
  二、如何进行责任签认 ························· 7
  三、如何进行责任制考评 ························· 7
 第四节 安全管理制度 ························· 7
  一、法律法规及标准规范清单 ························· 7
  二、如何建立安全管理制度和操作规程 ························· 7
  三、如何进行安全管理制度和操作规程评审和修订 ························· 9
 第五节 安全投入 ························· 10
  一、安全生产费用的提取与投入 ························· 10
  二、安全生产费用使用范围 ························· 10
  三、如何使用安全生产费用 ························· 11
  四、如何进行安全生产费用使用记录管理 ························· 11

1

第六节　教育培训 …… 11
一、制订教育培训计划 …… 11
二、三级安全教育 …… 11
三、特种作业人员安全教育 …… 12
四、待岗、换岗、复工教育培训 …… 12
五、"四新"教育培训 …… 12
六、班前安全教育 …… 12
七、其他岗位再培训学时要求 …… 12
八、教育培训内容 …… 12
九、文件学习 …… 13

第七节　安全技术管理 …… 13
一、安全技术交底 …… 13
二、专项施工方案的编制与审批 …… 13
三、危险品管理 …… 14
四、相关方管理 …… 14

第八节　设备设施管理 …… 14
一、施工单位临建设施要求 …… 14
二、特种设备管理 …… 15
三、安全设施及安全警示标志管理 …… 16
四、消防设施管理 …… 16

第九节　安全文化 …… 16
一、安全环境 …… 16
二、安全行为 …… 16
三、安全生产专项活动 …… 17

第十节　职业健康 …… 17

第十一节　生产安全事故管理 …… 17
一、事故报告 …… 17
二、事故调查与处理 …… 18
三、事故档案管理 …… 18

第十二节　绩效评定与持续改进 …… 18
一、绩效评定 …… 18
二、持续改进 …… 18

第三章　风险管控和隐患排查治理 … 19
第一节　如何进行施工安全风险评估 … 19
第二节　危险有害因素辨识 … 19
一、危险有害因素分析主要依据 … 19
二、危险有害因素分析 … 20
三、重大危险源辨识 … 43
四、危险有害因素分析汇总 … 44
第三节　事故风险分析 … 45
一、风险辨识、评估准则 … 47
二、风险辨识、评估方法 … 49
三、风险矩阵评估 … 49
四、事故风险评价汇总 … 49
五、事故风险辨识、评估结论及建议 … 52
第四节　隐患排查治理 … 52

第四章　应急管理 … 54
第一节　应急预案编制 … 54
第二节　应急队伍 … 54
第三节　应急物资 … 54
第四节　项目应急组织体系 … 54
一、应急组织机构及职责 … 54
二、外部应急资源调查 … 57
三、应急资源调查结论 … 57
四、应急资源完善措施 … 58
第五节　应急演练 … 58
一、应急演练开展 … 58
二、应急处置 … 58
三、应急处置评估 … 58
四、项目负责人轮流带班 … 58
第六节　应急预案 … 59
一、综合应急预案 … 59

二、专项应急预案 …… 68
　　三、基坑、模板坍塌倒塌事故专项应急预案 …… 72
　　四、机械伤害事故专项应急预案 …… 74
　　五、起重机械伤害事故专项应急预案 …… 77
　　六、倾覆事故专项应急预案 …… 80
　　七、压力容器爆炸事故专项应急预案 …… 82
　　八、道路交通事故专项应急预案 …… 84
　　九、地质灾害事故专项应急预案 …… 86
　　十、触电事故专项应急预案 …… 89
　　十一、火灾事故专项应急预案 …… 92
　　十二、防汛事故专项应急预案 …… 96
　　十三、雷击事故专项应急预案 …… 100
　　十四、地震事故专项应急预案 …… 102
　　十五、食物中毒事故专项应急预案 …… 103
　　十六、传染病疫情事件专项应急预案 …… 105
　第七节　现场处置方案 …… 107
　　一、触电事故现场处置方案 …… 107
　　二、坍塌事故现场处置方案 …… 111
　　三、高处坠落事故现场处置方案 …… 114
　　四、火灾事故现场处置方案 …… 116
　　五、机械伤害事故现场处置方案 …… 119
　　六、起重机械伤害事故现场处置方案 …… 122
　　七、物体打击事故现场处置方案 …… 125
　　八、车辆伤害事故现场处置方案 …… 128

附录A　山地轨道工程施工项目安全生产标准化评价实施细则 …… 131

第一章 概 述

第一节 总 则

(1) 为规范都四山地轨道交通项目施工安全生产管理工作,促进山地轨道工程安全管理的标准化,制定本指引。

(2) 本指引适用于都四山地轨道交通项目施工阶段安全管理。

(3) 都四山地轨道交通项目从开工到交(竣)工阶段,施工单位应根据本指引的规定,与工程施工进度一致,同步做好安全生产内业资料管理工作和现场管理工作。

(4) 都四山地轨道交通项目施工安全管理除应符合本指引外,尚应符合国家现行的有关法律、法规、规章和标准规范的规定。

第二节 术 语

1. 安全生产保证体系　construction safety management system

安全生产保证体系是指由为实施安全管理所需的组织机构、制度、人员和资源组成的机制体系。

2. 三级教育　tertiary education

三级教育是指公司、项目部、施工班组三个层次的安全教育,是工人进场上岗前必须经历的过程。

3. 安全交底　safety disclosure

安全交底是施工负责人在生产作业前对直接生产作业人员进行的该作业的安全操作规程和注意事项的培训。

4. 相关方　related party

相关方是指工作场所内外与安全生产绩效有关或受其影响的单位,如承包商、供应商等。

5. 特种设备一机一档　special equipment one machine one gear

特种设备一机一档是指每台特种设备必须建立独立的档案,档案包括特种设备设计文件、制造技术资料、安装说明、使用登记证、特种设备使用登记表、特种设备定期检测报告等。

6. 五牌一图　five-board and one-drawing

"五牌一图"中的"五牌"是指工程概况牌、管理人员名单及监督电话牌、消防保卫牌、安全生产牌、文明施工牌,"一图"是指施工现场总平面图。

7. 安全风险评估　security risk assessment;security hazard assessmment

安全风险评估是指运用定性或定量的分析方法对安全风险进行分析、评估,确定其严重程度,对现有控制措施的充分性、可靠性加以验证,以及对其是否可接受予以确定的过程。

8. 事故隐患　accident threat

事故隐患是指违反安全生产法律、法规、规章、标准、规程和安全生产管理制度的规定,或者因其他因素在生产经营活动中存在可能导致事故发生的物的危险状态、人的不安全行为和管理上的缺陷。

9. 隐患排查　hidden danger identification

隐患排查是指组织安全生产管理人员、工程技术人员和其他相关人员对所辖范围内生产、生活或其他活动的事故隐患进行排查的行为。

10. 持续改进　continuous improvement

持续改进是指为了实现对整体安全生产绩效的改进,根据项目部的安全生产和职业卫生目标,不断对安全生产和职业卫生工作进行强化的过程。

第二章 基础管理

第一节 目标与考核

一、如何制定目标

项目部安全生产领导小组应确定安全生产总目标和年度安全生产目标,安全生产目标应以"减少危害,预防事故,避免生产过程中人身伤害、财产损失、环境污染"为准则设定。

安全生产目标应包括以下指标:安全生产总目标、安全生产管理人员到位率、培训教育覆盖率、设备完好率、安全检查频次、应急预案演练次数、安全生产责任制落实指标;事故起数、事故伤亡人数、设备事故率;事故隐患排查和整改率;安全生产标准化建设指标、环境与职业健康指标等。

二、如何制定目标保证措施

项目部根据项目年度安全生产目标制定安全目标保证措施。
安全目标保证措施需满足以下条件:
(1) 符合或严于相关法律法规的要求;
(2) 形成文件,并得到项目部所有从业人员的贯彻和实施;
(3) 与项目部的职业安全健康风险相适应;
(4) 具有可考核性,体现项目部持续改进的承诺;
(5) 便于项目部员工及相关方获得。

三、如何进行目标考核

项目部需建立安全生产目标考核与奖惩的相关制度,由安全生产管理部门定期对安全生产目标完成情况予以考核与奖惩,并且留有考核记录。

山地轨道工程安全生产标准化建设与管理

第二节 安全管理机构和人员

一、建立安全组织机构和配备相关人员的依据

《中华人民共和国安全生产法》第二十四条规定:"矿山、金属冶炼、建筑施工、运输单位和危险物品的生产、经营、储存、装卸单位,应当设置安全生产管理机构或者配备专职安全生产管理人员。

"前款规定以外的其他生产经营单位,从业人员超过一百人的,应当设置安全生产管理机构或者配备专职安全生产管理人员;从业人员在一百人以下的,应当配备专职或者兼职的安全生产管理人员。"

（一）如何建立安全生产领导小组

项目部必须依法成立项目部安全生产领导小组,设置专门的安全生产管理部门。项目部安全生产领导小组应贯彻落实国家、行业有关安全生产方针、政策、法律法规和技术标准,制定安全生产指标和安全工作计划,落实项目安全生产条件,规范施工安全管理程序,开展安全检查评价,定期组织应急演练,督促落实安全生产责任。

项目部安全生产领导小组应在项目开工前成立,以文件的形式发布,文件应明确工作职责,报送项目监理单位审查,当机构人员变动时应及时调整。

（二）如何配备专职安全生产管理人员

项目部应当根据工程施工作业特点、安全风险和施工组织难度,按照年度施工产值配备专职安全生产管理人员,不足5000万元的至少配备1名;5000万元以上不足2亿元的按每5000万元不少于1名的比例配备;2亿元以上的不少于5名,且按专业配备。安全生产管理人员应持证上岗,建立从业人员基本信息登记台账和安全生产管理人员台账,并根据人员变动情况及时更新台账。

二、管理机构和人员职责

（一）安全生产管理机构职责

项目部的安全生产管理机构应当履行下列法律职责:

（1）组织或者参与拟定安全生产规章制度、操作规程,以及合同段施工专项应急预案和现场处置方案;

（2）组织或者参与安全生产教育和培训,如实记录安全生产教育和培训

情况;

(3) 督促落实施工安全风险管控措施;

(4) 组织或者参与本合同段施工应急救援演练;

(5) 检查施工现场安全生产状况,做好检查记录,提出改进安全生产标准化建设的建议;

(6) 及时排查、报告安全事故隐患,并督促落实事故隐患治理措施;

(7) 制止和纠正违章指挥、违章操作和违反劳动纪律的行为;

(8) 督促落实安全生产整改措施;

(9) 参与生产工艺、技术的安全风险评估和设备的安全性能检测;

(10) 督促落实危险作业、可燃爆作业场所的安全管理措施;

(11) 对生产安全事故进行统计、分析;

(12) 法律法规规定的职责;

(13) 安全生产责任书等文件规定的职责。

(二) 主要负责人工作职责

项目部的主要负责人应当履行下列法律职责:

(1) 建立、健全项目部安全生产责任制,实施相应的考核与奖惩;

(2) 按规定配足专职安全生产管理人员;

(3) 结合项目特点,组织制定并督促落实安全生产规章制度和操作规程;

(4) 组织制定并实施安全生产教育和培训计划;

(5) 督促安全生产费用的规范使用;

(6) 依据风险评估结论,完善施工组织设计和专项施工方案;

(7) 建立安全预防控制体系和隐患排查治理体系,督促、检查安全生产工作,确认重大事故隐患整改情况;

(8) 组织制定并实施生产安全事故应急救援预案、专项应急预案和现场处置方案,定期组织或者参与生产安全事故应急救援演练;

(9) 及时、如实报告生产安全事故并组织自救;

(10) 法律法规规定的职责。

(三) 安全生产管理人员工作职责

项目部的安全生产管理人员应当履行下列职责:

(1) 组织或者参与拟定项目部安全生产规章制度、操作规程,以及合同段施工专项应急预案和现场处置方案;

(2) 组织或者参与安全生产教育和培训,如实记录安全生产教育和培训情况;

(3) 督促落实施工安全风险管控措施；

(4) 组织或者参与本合同段施工应急救援演练；

(5) 检查施工现场安全生产状况，做好检查记录，提出改进安全生产标准化建设的建议；

(6) 及时排查、报告安全事故隐患，并督促落实事故隐患治理措施；

(7) 制止和纠正违章指挥、违章操作和违反劳动纪律的行为；

(8) 督促落实安全生产整改措施；

(9) 参与生产工艺、技术的安全风险评估和设备的安全性能检测；

(10) 督促落实危险作业、可燃爆作业场所的安全管理措施；

(11) 对生产安全事故进行统计、分析；

(12) 法律法规规定的职责。

（四）其他人员的职责

对于其他人员，根据管理制度和安全生产责任书确定职责。

三、如何开展安全生产会议

项目部安全生产会议应分为安全生产领导小组会议、安全生产例会和安全生产专题会议。安全生产管理部门在会议召开前通知相关参会人员参会，制作会议议程，对安全生产会议召开的情况做好会议记录，会议留存签到表及影像资料。安全生产会议所决定的重大事项须形成会议纪要并印发各部门及相关单位。

（一）如何开展安全生产领导小组会议

安全生产领导小组会议应每个季度至少召开1次，由安全生产领导小组全体成员参加。会议主要内容如下：学习有关安全生产的法律法规，传达上级文件及会议精神，通报项目安全生产情况，安排部署项目下一阶段安全生产重点工作等。

（二）如何开展安全生产例会

安全生产例会每月不少于1次，项目部负责人、各部门负责人、各分包单位现场负责人等相关人员共同参加。会议内容应包括：传达上级文件及会议精神，通报本月安全生产情况，布置下月安全生产工作任务，研究解决当前安全生产问题等。

（三）如何开展安全生产专题会议

安全生产专题会议可根据工作需要适时召开，由项目部负责人及相关人员参加。

第三节　安全责任体系

一、如何健全责任制

项目主要负责人对本项目的安全生产工作全面负责。项目部必须建立健全安全生产责任制度，按照"三管三必须"和"一岗双责"的原则建立各层级的安全责任体系。安全生产责任制应涵盖全体从业人员，应明确各岗位责任人员、岗位安全职责和考核标准等内容。责任体系主要包括但不局限于：项目安全生产目标、组织管理机构、安全生产条件、安全生产责任及安全生产管理制度等重点内容。

二、如何进行责任签认

项目部应依据岗位安全责任将年度安全生产目标逐级分解。每年签订安全生产责任书，建立安全生产责任书签订台账。

在施工过程中，当责任人发生变更时，应重新签订安全生产责任书。

三、如何进行责任制考评

项目部按照确定的目标责任定期组织考核，填写安全生产目标/责任制考核记录，并制定相应的奖惩措施，建立安全生产奖惩台账。

第四节　安全管理制度

一、法律法规及标准规范清单

项目部应及时识别、获取项目适用的安全生产法律法规、标准规范，建立安全生产法律法规、标准规范清单。

二、如何建立安全管理制度和操作规程

项目部应根据项目实际情况制定安全管理制度和操作规程，建立安全管理制度、操作规程清单，规章制度应明确适用范围、部门职责、具体内容等，制度应以文件形式发布实施。主要安全管理制度包括但不限于表2-1所列内容。

表 2-1　施工单位主要安全管理制度及内容要求

序号	制度名称	制度内容
1	安全生产会议制度	制度内容应包括制度适用范围、职责和工作程序,重点明确会议频次、参会人员、讨论议题、会议签到、会议记录和纪要等
2	安全生产责任制及考核制度	制度应明确项目部各层级、各岗位职责,与部门、人员、分包单位之间所签订的安全生产责任书(或安全合同)的内容、签订频次,履行情况的考核频次、对象、标准、具体奖惩办法等内容
3	施工现场消防安全责任制度	制度应明确施工现场消防安全责任分工、责任区域划分、消防器材配置标准和检查维护的频次、消防器材管理等内容
4	安全生产专项费用管理制度	制度应明确施工安全生产专项费用计划、使用范围、申请支付程序以及监督管理等内容
5	劳动防护用品配备和管理制度	制度应明确劳动防护用品的采购、验收、发放登记、使用等内容
6	施工设备安全管理制度	制度应明确施工设备设施的管理责任的主体、登记验收要求、保养维修及使用责任人资格等内容
7	特种设备及作业人员管理制度	制度应明确特种设备分类、登记、验收、报批、维护保养及档案管理等,特种作业人员的进场考核、岗前培训、继续教育、人员登记台账等内容
8	危险品安全管理制度	制度应明确民爆物品、氧气、乙炔、燃油等危险品的管理程序责任分工、作业人员资格要求等内容
9	施工安全风险评估制度	制度须包括风险评估的范围、方法、程序组织、报告形式、过程实施、结果运用等内容
10	安全风险分级管控制度	制度应包括风险辨识标准、辨识方法、等级划分、监控管理措施、动态检查等内容
11	安全生产教育培训制度	制度应明确培训对象、培训内容、学时、频次、考核标准和培训记录等内容
12	安全生产检查评价制度	制度内容须包括安全生产检查的目的、要求、依据、标准、形式、人员组织、内容、频次以及检查记录、通报、整改、检查效果评价、复查、奖惩等

续表

序号	制度名称	制度内容
13	安全事故隐患排查制度	制度内容应包括隐患排查、隐患分类分级、隐患治理措施、隐患报告、隐患治理整改等,以及重大安全事故隐患治理方案、时限、措施、资金和责任人等
14	项目负责人带班制度	制度应明确项目主要负责人带班生产、检查的工作计划、内容与时间要求、管理程序与内业资料等内容
15	生产安全应急管理制度	制度应明确预案编制和审核的程序要求、构成预案的主要要素、应急处置组织、应急演练培训、方案评审改进等内容
16	生产安全事故报告制度	制度应明确事故报告的责任和信息报送流程、内容、时限等内容
17	安全生产事故责任追究制度	制度应明确事故责任追究的目的、范围和追究的方式等内容
18	安全生产奖罚制度	制度应明确安全生产奖励、处罚的条件和方式,以及结果和应用等内容
19	施工作业操作规程	包括各岗位操作规程和机械设备操作规程,在内容上应明确工作前的安全规则、工作时的安全规则、工作结束时的安全规则

安全管理制度和操作规程发布后,项目部应组织从业人员进行安全管理制度、操作规程的学习与培训,并按照安全教育培训要求形成记录。

三、如何进行安全管理制度和操作规程评审和修订

项目部应定期对安全管理制度、操作规程进行评审,根据评审结论及时进行修订,并留有记录,确保安全管理制度、操作规程的有效性、适用性和符合性。

在发生以下情况时,应及时对相关的安全管理制度或操作规程进行评审、修订:

(1) 国家相关法律、法规、规程、标准废止、修订或新颁布;

(2) 项目部归属、体制、规模发生重大变化;

(3) 生产设施新建、改建、扩建规模,作业环境已发生重大改变;

(4) 设备设施发生变更;

(5) 作业工艺、危险有害特性发生变化;

(6) 政府相关行政部门提出整改意见；

(7) 安全评价、风险评估、体系认证、分析事故原因、安全检查发现涉及规章制度、操作规程的问题；

(8) 其他相关事项。

第五节 安全投入

一、安全生产费用的提取与投入

项目部应根据年度施工计划编制年度安全生产费用提取、使用计划，并按规定足额提取。

安全生产费用投入按照《关于印发〈企业安全生产费用提取和使用管理办法〉的通知》（财资〔2022〕136号）或投标文件执行。

二、安全生产费用使用范围

安全生产费用使用范围如下：

(1) 完善、改造和维护安全防护设施设备支出(不含"三同时"要求初期投入的安全设施)，包括施工现场临时用电系统、洞口或临边防护、高处作业或交叉作业防护、临时安全防护、支护和防治边坡滑坡、工程有害气体监测和通风设施、保障安全的机械设备，以及防火、防爆、防触电、防尘、防毒、防雷、防台风、防地质灾害等设施设备支出；

(2) 应急救援技术装备、设施配置及维护保养支出，事故逃生和紧急避难设施设备配置及应急救援队伍建设、应急预案制修订与应急演练支出；

(3) 开展施工现场重大危险源检测、评估、监控支出，安全风险分级管控和事故隐患排查整改支出，工程项目安全生产信息化建设、运维和网络安全支出；

(4) 安全生产检查、评估评价(不含新建、改建、扩建项目安全评价)、咨询和标准化建设支出；

(5) 配备和更新现场作业人员安全防护用品支出；

(6) 安全生产宣传、教育、培训和从业人员发现并报告事故隐患的奖励支出；

(7) 安全生产适用的新技术、新标准、新工艺、新装备的推广应用支出；

(8) 安全设施及特种设备检测检验、检定校准支出；

(9) 安全生产责任保险支出；

(10) 与安全生产直接相关的其他支出。

其中,与安全生产直接相关的其他支出包括但不限于:

① 非企业从业人员发现并报告事故隐患的奖励支出;

② 安全课题研究费用支出;

③ 安全生产信息化建设费用支出;

④ 职业健康安全管理体系运行费用;

⑤ 特种作业人员体检费用。

三、如何使用安全生产费用

项目部应编制年度安全生产费用计划投入表;项目部应对采购的安全用品进行验收,填写安全用品发放记录,并建立安全生产费用台账。

四、如何进行安全生产费用使用记录管理

项目部应定期对安全生产费用使用情况进行核查,填写核查表;项目部应就安全生产费用的计量、支付情况填写台账。

第六节 教育培训

一、制定教育培训计划

项目部必须制定年度教育培训计划,主要内容须包括教育培训形式、时间、频次、参加人员、主要内容、学时等。教育培训应贯穿施工全过程,并有计划地分层次、分岗位、分工种实施,所有教育培训要有受教育人的亲笔签名,且其教育培训情况记入个人工作档案。

二、三级安全教育

项目部应对从业人员开展进场教育,人员入场后应接受项目部、部门、岗位三级安全教育,填写三级安全教育记录表,并建立三级安全教育培训台账,项目部、部门级安全教育不少于 15 学时,岗位级安全教育不少于 20 学时,经考核合格后方可上岗。

三、特种作业人员安全教育

项目部特种作业人员应按规定持有效的资格证书上岗并按规定参加复审培训,并且每年再培训学时不少于20学时,未经安全教育培训考核或者培训考核不合格的人员,不得上岗作业。安全教育情况应如实记入个人工作档案中。

四、待岗、换岗、复工教育培训

项目部待岗、换岗、复工的人员,在重新上岗前,应再次接受教育培训,教育培训学时不少于20学时,且教育培训情况应如实记入个人工作档案中。

五、"四新"教育培训

项目部采用新工艺、新技术、新设备、新材料的从业人员应接受不少于8学时的教育培训,且教育培训情况应如实记入个人工作档案中。

六、班前安全教育

班组作业前应针对施工对象、条件环境进行班前安全教育。特殊工种(包括电工、焊工、架子工、司炉工、爆破工、机械操作工、起重工、塔吊司机及指挥人员、人货两用电梯司机等)在通过专业技术培训并取得岗位操作证后,每年仍须接受有针对性的安全教育,且时间不得少于20学时。

七、其他岗位再培训学时要求

项目经理每年接受安全教育再培训的时间不得少于30学时,专职安全生产管理人员每年接受安全技术专业培训的时间不得少于40学时,项目部其他人员每年接受安全教育再培训的时间不得少于15学时。项目部应对管理人员和作业人员进行每年不少于两次的安全生产教育培训。

八、教育培训内容

教育培训主要包括下列内容:
(1)安全生产法律、法规;
(2)安全生产规章制度和操作规程;
(3)岗位安全操作技能;
(4)安全设备、设施、工具、劳动防护用品的使用、维护和保管知识;

（5）生产安全事故的防范意识和应急措施、生产安全事故应急预案、自救互救知识；

（6）生产安全事故案例；

（7）从业人员的安全生产权利和义务；

（8）其他有关安全生产的内容。

九、文件学习

项目部应对新出台的有关安全生产的政策、文件、标准等及时组织学习并留存学习记录。

第七节 安全技术管理

一、安全技术交底

项目部开展的安全技术交底应符合下列规定：

（1）施工项目必须按工程部位分部分项进行交底；

（2）对施工作业相对固定，与工程施工部位没有直接关系的工种，主管部门技术人员应单独进行交底；

（3）分部分项工程施工前或者有特殊风险的项目作业前，应逐级进行三级安全技术交底，施工项目技术负责人对专业分包单位技术人员、职能部门负责人、工作面负责人进行一级安全技术交底，专业分包单位技术人员、职能部门负责人、工作面负责人对部门人员、技术人员、现场安全员、作业班组长进行二级安全技术交底，技术人员、班组长对所属班组全体人员进行三级安全技术交底，专职安全生产管理人员应对交底情况进行监督。交底应有书面记录，履行三方签字手续；

（4）发生施工方法和作业环境改变、作业班组更换、停工周期较长等情况，应重新进行交底。

二、专项施工方案的编制与审批

专项施工方案的编制和审批应符合下列规定：

（1）项目技术负责人必须对危险性较大的分部分项工程组织编制专项施工方案，内容必须明确安全技术措施，对超过一定规模的危险性较大的分部分项工程应当组织专家组进行论证，专家组应当由5名及以上符合相关专业要求的专家组成；

（2）专项施工方案必须严格审批程序，由施工单位技术负责人审核，项目总监理工程师审批，签字同意后方可实施；

（3）项目部应对编制的专项施工方案建立管理台账，进行专项交底。

三、危险品管理

项目部进行危险品管理应符合下列规定：

（1）应制定危险品安全管理制度；

（2）危险品管理人员应配备到位并持证上岗；

（3）应建立危险品台账，危险品进出库及退库台账应清晰，管理措施、使用记录等应符合相关规定，还需记录危险品数量、位置及管理责任人，签订危险品管理安全责任书，并定期进行检查、填写检查记录；

（4）爆破工程施工应得到有关部门批准；

（5）项目部应按规定编制爆破设计书及施工组织设计方案。

四、相关方管理

项目部依法审核分包单位的资质手续，并存放分包单位营业执照、施工资质、安全生产许可证等资料，建立资质台账。

项目部对相关方的管理应符合以下要求：

（1）应制定相关方安全管理制度；

（2）应确认分包单位资质条件，确保符合国家建筑业企业资质管理和行业有关工程分包安全管理的相关规定；

（3）与分包单位签订安全协议，明确双方安全责任，并对分包单位的全过程施工安全进行控制；

（4）监督分包单位禁止将所承包的工程进行转包或违规分包；

（5）应将相关方安全管理制度告知各相关方。

第八节　设备设施管理

一、施工单位临建设施要求

施工单位临建设施应符合下列规定：

（1）项目部应规范施工现场临时设施的采购、租赁、搭设与拆除、验收、检查

使用的相关管理,健全各项管理制度,并严格落实;

(2)"两区三厂"建设应符合法律、法规、规章、国家和行业现行有关标准的规定。根据项目所在地自然条件,满足环境保护、周边环境、安全距离、安全管理等方面的要求,做好选址工作;

(3)"两区三厂"建设必须远离地质灾害易发区域,以及崩塌、滑坡、危岩体、泥石流、岩溶、采空区、地裂缝、地面塌陷、地面沉降等危险地段;

(4)"两区三厂"建设应进行评估和验算,并将评估、验算的资料归档保存;

(5)"两区三厂"交付使用前,项目部应组织相关人员进行验收,合格后方可投入使用;

(6)"两区三厂"的设备设施在运行过程中,应定期开展安全检查,发现问题立即纠正;

(7)项目部设备管理部门应建立临建设施、设备台账;

(8)项目部应对临建设施、设备定期进行检查,确保设施、设备使用运行安全。

二、特种设备管理

特种设备管理应符合下列规定:

(1)项目部应成立特种设备管理领导小组,设备管理部门指定专人负责特种设备管理工作;

(2)项目部特种设备进场后,必须建立特种设备管理台账;

(3)特种设备的安装、改造、拆除等应由具备相应资质的单位承担,其安装、改造、拆除、使用、定期检验等应符合《中华人民共和国特种设备安全法》及有关安全法律法规的规定,核实设备的合规性,遵循特种设备安全使用管理规定;

(4)特种设备作业现场应设置设备出厂合格证、检验检测报告、使用登记证和人员操作证复印件以及相关安全操作规程牌、机械设备标识牌、安全警示标牌等;

(5)特种设备检验合格有效期届满前1个月内,项目部设备管理部门应及时向特种设备检验机构提出检验申请,及时进行检测,并建立特种设备检验检测台账;

(6)特种设备操作人员及特种作业人员证书齐全有效,人证相符,健全人员管理台账;

(7)项目部设备、安全管理部门应定期对特种设备工作性能及技术状况进行检查,确保符合安全要求;

(8)项目部特种设备管理部门应建立特种设备使用档案,做到"一机一档"。

三、安全设施及安全警示标志管理

安全设施及安全警示标志管理应符合下列规定：

(1) 项目部专职安全员应建立安全设施、用品管理台账；

(2) 项目部应组织对设置的安全设施、安全警示标志进行验收，并做好记录；

(3) 项目部应定期对安全设施、安全警示标志进行检查、维修和更换，确保完好有效，并对安全设施、安全警示标志拍照留存；

(4) 施工现场明显位置应设置"五牌一图"；

(5) 交通要道、重要作业场所、危险区域应设置安全警示标志、标牌；

(6) 现场机械设备应按相关规定设置统一的标志、铭牌，张贴安全操作规程。

四、消防设施管理

消防设施管理应符合下列规定：

(1) 施工驻地、施工现场等应按照有关规定，配备相应的消防安全标志和消防安全器材，建立消防器材使用管理台账，并经常进行检查、维护和保养；

(2) 项目部应根据驻地、施工现场消防设施绘制消防设施平面布置图；

(3) 施工现场动火作业，必须按照管理权限分别填写一、二、三级动火申请，经相关负责人批准核发动火许可证后方可作业。

第九节 安全文化

一、安全环境

项目部应设立安全文化廊、安全角、黑板报、宣传栏等员工安全文化阵地，公开安全生产举报电话号码、通信地址或者电子邮件信箱，对接到的安全生产举报和投诉及时予以调查和处理，并公开处理结果。

二、安全行为

项目部应建立包括安全价值观、安全愿景、安全使命和安全目标等在内的安全承诺。

项目部应结合项目实际编制员工安全知识手册，并发放给职工。

项目部应组织开展安全生产月活动、安全竞赛活动,有方案、有总结。

项目部应对安全生产进行检查、评比、考评,总结和交流经验,推广安全生产先进管理方法,对在安全工作中做出显著成绩的集体、个人给予表彰、奖励,并将安全工作与经济利益挂钩。

三、安全生产专项活动

项目部应根据上级安排积极开展安全生产专项活动,活动必须有计划方案、过程记录、活动总结,建立安全生产专项活动台账。

第十节　职　业　健　康

职业健康应符合下列规定:

(1)项目部应按照《中华人民共和国职业病防治法》相关要求制定职业健康管理制度;

(2)项目部应成立职业健康管理机构,配备专(兼)职管理人员,专(兼)职管理人员应持证上岗;

(3)项目开工前对工程项目职业危害因素进行辨识,建立危害因素清单;

(4)项目部人力资源部门在与劳动者签订劳动合同时,应当载明工作过程中可能产生的职业病危害及其后果、职业病防护措施和待遇;

(5)项目部应为从业人员购买工伤保险,对从事危险作业的人员购买意外伤害保险,并建立意外伤害保险台账;

(6)项目部应在危险场所设置危害因素告知牌,定期对从业人员进行职业健康教育培训,告知从业人员作业场所和工作岗位存在的危险因素、职业危害、防范措施和应急处理措施;

(7)项目部应为从业人员提供符合职业健康要求的工作环境,配备与职业健康保护相适应的设施、工具,建立职业危害防护设施及工具管理台账;

(8)项目部应对从事危险作业的人员定期进行职业健康检查,并填写职业健康检查表。

第十一节　生产安全事故管理

一、事故报告

交通运输建设工程生产安全事故统计月报表应按规定报送。

发生生产安全事故，事故现场负责人或相关人员应立即向项目经理报告。项目经理接报后，应在1小时内向施工单位、监理单位、建设单位和工程所在地的应急管理部门报告，同时向本工程安全生产监督管理的行业主管部门报告。

事故发生后30日内，伤亡人数发生变化的，应及时补报；火灾或交通事故自发生之日起7日内伤亡人数有变化的，应及时补报。

项目部应及时、如实上报生产安全事故，不得迟报、漏报、谎报和瞒报。

二、事故调查与处理

发生事故后，项目部应根据权限及时成立事故调查组，明确其职责与权限，进行事故调查。事故调查组应查明事故发生的时间、经过、原因、波及范围、人员伤亡情况及直接经济损失等，并召开事故分析通报会。

事故调查组应根据有关证据、资料，分析事故的直接、间接原因和事故责任，提出应吸取的教训、整改措施和处理建议，编制事故调查报告。

三、事故档案管理

项目部应建立事故管理台账。

第十二节　绩效评定与持续改进

一、绩效评定

施工项目部应根据上级安排每年至少开展一次对本施工项目安全生产标准化的运行情况的自评，验证各项安全生产制度措施的适宜性、充分性和有效性。自评应形成正式文件，并将结果向所有部门、所属单位和从业人员通报，作为年度考评的重要依据。

二、持续改进

项目部应根据安全生产标准化管理体系的自评结果和安全生产预测预警系统所反映的趋势，以及绩效评定情况，客观分析安全生产标准化管理体系的运行质量，及时调整完善安全生产目标、指标、规章制度、操作规程等相关管理文件和过程管控，持续改进，不断提高安全生产绩效。

第三章　风险管控和隐患排查治理

第一节　如何进行施工安全风险评估

施工安全风险评估应符合下列规定。

（1）风险评估报告应包含评估单位和人员资质材料、专家评审意见、监理审查等内容。风险评估报告经施工单位组织专家评审，评估小组根据专家评审意见对评估报告进行修改，形成最终报告上报监理单位审查并向建设单位报审。

（2）风险源辨识评价宜采用作业条件危险性评价法（简称LEC法），对合同段内的风险源进行辨识评价，建立风险源辨识清单和重大风险源辨识清单，根据评估结果和生产经营状况等，确定相应的风险等级，并对其进行分类分级管理。

（3）项目部应当在重大风险源所在场所设置明显的安全警示标志和安全风险告知牌，标明重大风险（危险）源危险特性、可能发生的事件后果、安全防范和应急措施，对从业人员根据辨识的危险源应进行书面告知。

第二节　危险有害因素辨识

一、危险有害因素分析主要依据

危险有害因素是指对人造成伤亡或对物造成突发性损害，以及能影响人的身体健康，导致疾病，或对物造成慢性损害的因素。

主要根据《企业职工伤亡事故分类》(GB 6441—1986)以及《生产过程危险和有害因素分类与代码》(GB/T 13861—2022)等对危险有害因素的分类标准，对本项目进行危险有害因素辨识与分析。

同时，根据《危险化学品重大危险源辨识》(GB 18218—2018)的规定，对本标段可能存在重大危险源的场所进行重大危险源辨识与分析。

二、危险有害因素分析

（一）物料危险性分析

四川省交通建设集团有限责任公司都四山地轨道交通项目DSZH标项目经理部施工作业过程中涉及的主要物料包括乙炔、柴油等。危险物料乙炔、柴油的危险性归纳分别如表3-1、表3-2所示。

表3-1 乙炔物料安全数据表

物料安全数据表							
CAS	74-86-2	RTECS	AO9600000	UN	1001	危序号	2629
中文名称	乙炔;电石气	英文名称	acetylene			分子式	C_2H_2

理化性质	外观及性状	无色无臭的气体,工业品有使人不愉快的大蒜气味		相对密度	空气	0.91
	溶解性	微溶于水、乙醇,溶于丙酮、氯仿、苯			水	0.62
	饱和蒸气压	4053 kPa/16.8 ℃	熔点	-81.7 ℃ /119 kPa	沸点/℃	-81.7
燃烧爆炸危险性	闪点/℃	<-50	自燃温度/℃	305	爆炸极限	2.1%~80%
	火灾危险性分类	甲	燃烧性	易燃	燃烧热/(kJ/mol)	1298.4
	危险特性:与空气混合能形成爆炸性混合物,遇明火、高热能引起燃烧爆炸;与氟、氯等能发生剧烈的化学反应;能与Cu、Ag、Hg等化合物生成爆炸性化合物					
	燃烧(分解)产物:一氧化碳、二氧化碳			禁忌物:强氧化剂、强酸、卤素		
	灭火方法:切断气源。若不能立即切断气源,则不允许熄灭正在燃烧的气体。喷水冷却容器,可能的话将容器从火场移至空旷处。灭火剂采用雾状水、泡沫、二氧化碳					

续表

物料安全数据表

毒性与健康危害	毒性资料:属微毒类 LD$_{50}$: LC$_{50}$: 侵入途径:吸入	职业接触限值: 中国 MAC:未制定标准 美国 TWA:ACGIH 窒息性气体 美国 STEL:未制定标准
	健康危害:具有弱麻醉作用。急性中毒:接触10%~20%乙炔,可引起不同程度的缺氧症状;吸入高浓度乙炔,初期兴奋、多语、哭笑不安,后眩晕、头痛、恶心和呕吐,共济失调、嗜睡;严重者昏迷、发绀、瞳孔对光反应消失、脉弱而不齐。停止吸入,症状可迅速消失。目前未见有慢性中毒报告。有时可能有混合气体中毒的问题,如磷化氢,应予注意	

急救措施	皮肤接触:无资料
	眼睛接触:无资料
	吸入:呼吸困难时给输氧;呼吸停止时,立即进行人工呼吸;就医
	食入:无资料

防护措施	呼吸系统防护:高浓度环境中,佩戴供气式呼吸器	眼睛防护:一般不需要特殊防护,高浓度接触时可戴安全防护眼镜
	手防护:一般不需要特殊防护,高浓度接触时可戴防护手套	身体防护:穿工作服
	工程控制:生产过程密闭,全面通风	
	其他:工作现场严禁吸烟;避免长期反复接触;进入罐体内或其他高浓度区作业,须有人监护	

储运与包装	危险性类别:第2.1类 易燃气体	包装标志:4	包装类别:—
	乙炔的包装法通常是溶解在溶剂及多孔物中,装入钢瓶内;充装要控制流速,注意防止静电积聚;储存于阴凉、通风仓库内;仓温不宜超过 30 ℃;远离火种、热源;防止阳光直射;应与氧气、压缩空气、卤素(氟、氯、溴)、氧化剂等分开存放;储存间内的照明、通风等设施应采用防爆型,开关设在仓外;配备相应品种和数量的消防器材;禁止使用易产生火花的机械设备和工具;验收时要注意品名,注意验瓶日期,先进仓的先发用;搬运时轻装轻卸,防止钢瓶及附件破损			

续表

物料安全数据表

泄漏处理	迅速撤离泄漏污染区人员至上风处,并隔离直至气体散尽,切断火源;建议应急处理人员戴自给式呼吸器,穿一般消防防护服;切断气源,喷雾状水稀释、溶解,抽排(室内)或强力通风(室外);如有可能,将漏出气用排风机送至空旷地方或装设适当喷头烧掉;漏气容器不能再用,且要经过技术处理以清除可能剩下的气体

表 3-2　柴油物料安全数据表

物料安全数据表

	CAS	68334-30-5	RTECS	HZl770000	UN	1202	危序号	1674
	中文名称	柴油	英文名称	diesel oil;diesel fuel			分子式	—
理化性质	外观及性状	稍有黏性的棕色液体			相对密度		空气	—
	溶解性	/					水	0.87~0.9
	饱和蒸气压/kPa	/			熔点/℃	−18	沸点/℃	282~338
燃烧爆炸危险性	闪点/℃	55	自燃温度/℃	257	爆炸极限		无资料	
	火灾危险性分类	乙	燃烧性	易燃	燃烧热/(kJ/mol)		/	
	危险特性:遇明火、高热或与氧化剂接触,有引起燃烧爆炸的危险;若遇高热,容器内压增大,有开裂和爆炸的危险							
	燃烧(分解)产物:一氧化碳、二氧化碳				禁忌物:强氧化剂、卤素			
	灭火方法:泡沫、二氧化碳、干粉、1211灭火剂、砂土。禁用灭火剂:水							
毒性与健康危害	毒性资料:具有刺激作用				职业接触限值: 中国 MAC:未制定标准 美国 TLV-TWA:未制定标准			
	侵入途径:吸入;食入;经皮吸收				美国 TLV-STEL:未制定标准			
	健康危害:皮肤接触柴油可引起接触性皮炎、油性痤疮,吸入可引起吸入性肺炎。能经胎盘进入胎儿血中;柴油废气可引起眼、鼻刺激症状,导致头晕及头痛							

续表

物料安全数据表	
急救措施	皮肤接触:脱去被污染的衣着,用肥皂和大量清水清洗被污染的皮肤
	眼睛接触:立即翻开上下眼睑,用流动清水冲洗,至少15分钟;就医
	吸入:脱离现场;脱去被污染的衣着,至空气新鲜处,就医;防治吸入性肺炎
	食入:误服者饮牛奶或植物油,洗胃并灌肠,就医
防护措施	呼吸系统防护:一般不需要特殊防护,但建议在特殊情况下佩戴供气式呼吸器　　眼睛防护:必要时戴安全防护眼镜
	手防护:必要时戴防护手套　　身体防护:穿工作服
	工程控制:密闭操作,注意通风
	其他:工作现场严禁吸烟;避免长期反复接触
储运与包装	危险性类别:第3.3类 高闪点易燃液体　　包装标志:7　　包装类别:—
	储存于阴凉、通风仓库内;远离火种、热源;防止阳光直射;保持容器密封;应与氧化剂分开存放;桶装堆垛不可过大,应留墙距、顶距、柱距及必要的防火检查走道;罐储时要有防火防爆技术措施;禁止使用易产生火花的机械设备和工具;充装要控制流速,注意防止静电积聚;搬运时要轻装轻卸,防止包装及容器损坏
泄漏处理	切断火源;应急处理人员戴好防毒面具,穿化学防护服;在确保安全情况下堵漏;用活性炭或其他惰性材料吸收,然后收集运到空旷处焚烧;如大量泄漏,利用围堤容收,然后收集、转移、回收或无害处理后废弃

(二) 自然环境条件危险性分析

恶劣气候条件危险性分析如下。

1. 暴雨对施工的影响分析

(1) 本工程位于汶川境内,夏季施工多暴雨和雷暴,施工作业会破坏原有山体或堆积体的受力状态,便道施工也会形成新的边坡,若工程措施不符合要求,下暴雨时,雨水的冲刷作用可能导致边坡失稳、垮塌。

(2) 暴雨可能破坏施工便道,即使道路未被破坏,其路况也较差,易发生车辆打滑、侧翻等事故。

(3) 若驻地建筑物、拌合楼及其他的高大建筑物未采取防雷措施,雷雨天气可能发生雷击事故。

(4) 雨季将加大高处作业和露天作业的危险性。

(5) 雨天露天作业环境潮湿,若发生漏电,易导致电伤事故。

(6) 在雨天从事露天焊接作业,因焊条潮湿等可能产生焊接气泡、缝隙,影响焊接质量,导致事故。

2. 洪水对施工的影响分析

(1) 洪水对河床段及桥墩有冲刷破坏作用,随洪水而下的推移质对桥墩有撞击破坏作用。水中夹带的漂浮物导致桥梁结构局部或整体失稳,从而造成垮塌事故。

(2) 汛期洪水影响桥梁基础施工,可能冲毁基础,施工人员有被冲走和溺水的危险。

(3) 洪水直接冲刷锥坡、挡土墙等附属设施,致其垮塌,丧失功能。

(4) 当铁路排水设施、桥涵泄洪能力满足不了洪水宣泄时,洪峰急流漫过路面,可能给运行的车辆、人员等造成威胁。

3. 大风天气对施工的影响分析

设备设施未采取防风措施,脚手架、架桥机等大型机械未采取可靠的固定措施,容易导致事故。

(三) 工程地质条件危险性分析

1. 崩塌

主要位于坡向与岩层倾向一致或存在外倾结构面的边坡,陡坡表层土及强风化基岩崩塌,受构造作用影响,岩体节理、裂隙发育(多为卸荷裂隙),加之岩性差异,差异风化严重,多在边坡坡脚处形成岩腔。天然状态下边坡处于基本稳定状态,但在暴雨、植物劈理、施工扰动作用下,卸荷裂隙逐渐张开,破坏了原有的自然平衡状态,岩体逐渐松弛,地表水和地下水的下渗使边坡区地质条件不断恶化,最终产生崩塌。

2. 潜在不稳定斜(边)坡

施工过程中,因人为开挖削坡等原因形成陡边坡,这些被打破平衡状态的边坡在演化过程中,衍生了诸如滑坡、崩塌等不良地质体,边坡处于缓慢的变形过程中,在暴雨、地震及人类工程活动等的诱发下,将加速向不稳定方向转化。

施工过程中挖方、填方等均可形成潜在不稳定斜(边)坡,若未及时采取合格的支护措施、排水措施不到位,可能发生滑坡、崩塌等地质灾害。

(四) 桥梁工程地质条件危险性分析

场地内主要为泥岩、泥质粉砂岩,覆盖层主要为粉质黏土、碎石,岩体破碎,稳定性不高,若施工时桩基未达到持力层,将影响桥梁施工和运行安全。

(五)便道施工危险性分析

(1)土方开挖时,若不按安全操作规程施工,选用不当的开挖方式,边坡放坡不符合要求,开挖后边坡边沿堆放积土、料具及其他杂物,排水设施不完善引起排水不畅,边坡出现裂缝和局部坍塌未发现或发现后未及时处理等,可能引起边坡垮塌。

(2)运土方的车辆会车时,应轻车让重车。通过窄路、交叉路口和交通繁忙地段以及转弯时,应注意来往行人和车辆。重车运行,前后两车间距离必须大于5 m,下坡时,间距不小于10 m,严禁人货混装,车道应设专人管理、维修,若不遵守交通规则,易发生车辆伤害、交通事故。

(3)便道挖方及特殊路段处理,会使用推土机、挖掘机、装载机、自卸汽车、平地机、压路机等施工机械,若施工机械存在机械故障、驾驶员无证操作、违章操作,可能发生机械伤害。

(4)人工配合机械进行清底、平地、修坡等辅助作业时应与机械作业交替进行,机上、机下人员必须密切配合、协同作业。当必须在机械作业范围内同时进行辅助作业时,机械停止运转后,辅助人员方可进入,否则,可能造成机械伤害、车辆伤害。

(5)便道挖方涉及高处作业,若挖方时未设置一定宽度的台阶或平台,临边未设置防护设施或安全警示标志,未使用个人防护用品,违章作业,作业人员、机械设备可能从高处滑落滚下,造成人员伤亡、设备损坏。

(6)软弱路段施工时,应制定和落实预防人、机下陷的安全技术措施,挖出的废土应堆置在合适的地方,以防汛期造成人为的泥石流。

(7)夯实机具电气设备电源线绝缘破损、未安装漏电保护器,操作时未使用绝缘手套,未按要求一人操作、一人扶持电线进行辅助,辅助人员与操作人员配合不密切,电缆线扭结或缠绕,夯实操作时夯及电缆线,可能发生触电事故。

(8)施工机械在危险地段作业时,必须设明显的安全警示标志,并应设专人站在操作人员能看清的地方指挥,驾机人员只能接收指挥人员发出的规定信号,否则,可能发生事故。

(9)边坡开挖过程中如遇地下水涌出,未及时进行排水处理继续施工,积水影响边坡稳定。

(10)开挖过程中未对孤散石块进行处理,弃土下方和有滚石危及范围内的道路未设安全警示标志,容易发生物体打击事故。

(六)高边坡施工危险性分析

(1)施工方案选择不合理,边坡太陡,土石方堆弃太近,护面施工不及时,排水不良,雨季降水冲刷等都可能引起路堑边坡失稳、滑塌。

(2)边坡开挖过程中未做到边开挖边支护,未在上一级防护完成后才进行下部开挖,或支护强度不符合要求,可能造成边坡失稳、滑塌。

(3)施工时未按要求做好排水工作,未设置截排水沟设施,可能造成边坡失稳、滑塌。

(4)高边坡施工过程中,施工人员未佩戴安全帽、系安全带,绑挂安全带的绳索未牢固拴在可靠的安全桩上,可能造成高处坠落事故。

(5)高边坡施工未设置安全通道,开挖工作面未与装运作业面错开,上、下交叉作业,容易引发车辆伤害等事故的发生。

(6)未及时对边坡上突出的块石进行处理或在整修边坡时未按照自上而下顺序进行,可能对下方存放的器具和人员造成物体打击伤害。

(7)施工机械靠近路堤边缘作业时,若未保留必要的安全距离并派专人指挥,则可能发生车辆坠落事故。

(8)开挖高边坡中的高处作业如未按国家相关规范、规程要求设置一定宽度的台阶或平台,或违规操作,易发生人员和开挖设备从高处滑落滚下、高处坠落的危险。

(七)填方施工危险性分析

(1)若便道施工填方和施工场地填方质量不合格,未压实,排水不畅,防护工程施工进度滞后,可能发生坍塌事故,尤其是雨季更易发生坍塌事故。

(2)便道施工填方和施工场地填方时涉及高处作业,若填方时未设置一定宽度的台阶或平台,临边未设置防护设施或安全警示标志,违章作业,可能发生坍塌、高处坠落等事故。

(3)挖方、填方施工以及特殊路段处理,使用推土机、挖掘机、装载机、自卸汽车、平地机、压路机等施工机械,若施工前未进行施工机械安全技术交底,施工机械存在机械故障、驾驶员无证操作、违章操作,可能发生车辆伤害。

(4)桥涵台背、挡墙背、便道、施工场地范围内的结构物台背回填时,必须在构筑物两侧对称回填夯实。使用推土机回填土时,严禁从一侧直接将土推入沟槽(坑);使用手推车回填土时,沟槽(坑)边应设挡板,下方不得有人操作,若不按规定操作,易发生事故。

（八）桥涵施工危险性分析

1. 桥梁下部结构施工危险性分析

1）钻孔灌注桩施工危险性分析

（1）若钻孔前未对钻机及其配套设备进行全面检查，钻机架设基础不稳固，钻架未架设斜撑或缆风绳，钻机平台搭设不牢固或未满铺脚手板、未设置防护栏，钻机皮带转动部位无防护装置，钻机钻锤、卷扬机磨损严重，钢丝绳不符合要求，人员在钻进、拆除和加长钻杆、加长护筒等作业过程中违章操作，均可能发生机械伤害，造成人员伤亡、设备损坏及其他事故。

（2）桩基施工完毕后，若未对洞口及时采取可靠的防护措施，可能发生人员坠落孔内的事故。

（3）桩基施工平台未夯填平整和密实，造成钻机、钻架安装不稳定，可能造成安全事故。

（4）钻机安装前未检查并确认钻杆是否有变形、缺陷，钻孔过程中容易发生事故。

（5）桩基钢筋笼吊放吊装风险大，是施工重点控制环节之一。

（6）泥浆池四周未设有警戒线标志，可能造成事故。

（7）钻机启动前各部件连接不牢固，传动带松紧不适当，减速箱内油位不符合规定，限位报警装置失效，操纵杆位于空挡位置，可能造成事故。

（8）钻孔中钻架发生晃动、移动、偏移，钻头处发出有节奏的声响或卡钻时未立即停钻并查明原因，贸然施工可能导致事故发生。

（9）吊放钢筋笼过程中，若起重设备未经检测合格、存在机械故障，操作人员不具备操作资格违章操作，可能发生起重伤害事故。

（10）若筑岛施工时河床水位较高，一旦发生人员坠河可能造成淹溺事故。

2）人工挖孔桩施工危险性分析

（1）抗滑桩施工采用人工挖孔，施工风险较大，容易发生安全事故。

（2）人工挖孔桩施工前未对现场环境，包括地下管线位置、埋深情况及现状、地下构筑物的位置及埋深和现况、施工现场周围建（构）筑物、交通情况、地表排水情况、振动源等情况、高压电气影响范围等进行调查，施工中可能造成安全事故。

（3）挖孔桩施工时，未在井口周围设置锁口，井口物件掉入井口可能造成物体打击事故。

（4）挖孔灌注桩施工土层、岩层发生渗水，挖孔较深时孔壁支护及排水不当，或遇降水等，可能导致塌方。

(5)人工挖孔,孔壁的稳定性及吊具设备未经常检查,易造成人员砸伤事故。

(6)孔顶出土机具未设专人管理,孔口堆积土渣和沉重机具,作业人员的出入未常备梯子,可能发生落物伤人、作业人员不慎跌入坑内事故。

(7)取土吊斗升降时孔内挖土人员的头顶未设置护盖,取土吊斗升降时挖土人员离开护盖工作,可能导致土渣砸中伤人事故。

(8)人工挖孔超过10 m时,对孔底未采用机械通风措施,或二氧化碳含量超标时仍未采取通风措施,或者作业人员有呼吸不适未采取通风措施,可能造成作业人员轻者呼吸困难,重者窒息死亡。

(9)施工现场未配有急救用品(氧气等),遇塌孔、地下水涌出、有害气体等异常情况,将延误作业人员救治时间。

(10)人工挖孔施工过程中,现场作业区边界未设围挡和安全警示标志、警示灯,非施工人员入内,可能造成安全事故。

(11)人工挖孔桩施工时未采取边挖边支护的措施,可能塌孔,从而导致人员伤亡事故。

(12)夜间作业未悬挂警示红灯,可能发生多种伤害事故。

(13)挖孔作业暂停时,孔口未设置罩盖及标志,可能发生高处作业事故。

(14)若所用电气设备未装漏电保护装置,孔内照明电压大于36 V,易造成触电事故。

(15)相邻两孔中,一孔进行混凝土浇筑作业时,另一孔的挖孔人员仍在作业,若一孔发生坍塌,可能会对另一孔造成影响。

(16)人工挖孔采用混凝土护壁时对护壁未按规定验收合格,孔底末端未设可靠防滑措施,易引发事故。

(17)孔内有作业人员,孔口周边3 m内有车辆行驶或停放,挖出孔口的土方未随出随运而堆放在孔口周围,容易引起坍塌事故。

(18)孔内有人作业时,孔上无监护人员或监护人员擅离岗位,与孔内人员未保持联系,孔上监护人员未随时注意孔壁变化及孔底施工情况,发生事故时应急处置不当,可能造成事故或事故扩大。

3)墩柱、盖梁、系梁施工危险性分析

(1)墩柱、盖梁、系梁施工均为高处作业,若施工作业高度超过2 m时不搭设脚手架及工作平台,存在坠落危险的工作区域未合理悬挂安全防护网和设置安全护栏,未对参与高处作业的人员进行安全技术培训和现场作业技术性指导,作业人员未正确穿戴安全帽、安全带、防滑鞋等安全防护用品,作业人员违反高空作业安全制度和规定,可能发生高处坠落事故。

(2)墩上人员抛掷杂物或施工材料掉落,可能发生物体打击事故。

(3)若人员上下通道材质、防护设施等设置不符合要求,通道基础不坚固,通道固定不牢固,在使用过程中可能导致人员高处坠落。

(4)钢筋骨架吊运和安装过程中,若未按要求进行固定并采取防风措施,可能导致钢筋骨架跌落,造成物体打击事故。

(5)钢筋骨架现场对接时,临时支撑不牢固,可能造成失稳。钢筋骨架接长涉及焊接作业,若焊接作业场所附近存在可燃物,焊接火花可能引起可燃物燃烧。若焊接作业人员不正确使用劳动防护用品,焊接火花、烟尘会对人员造成职业危害。

(6)桥墩模板采用吊车安装,盖梁、墩帽钢筋骨架采用起重设备安装,若吊车未经检测合格,带"病"运行,钢丝绳、吊钩、吊具不符合安全要求,安全装置不完善、失灵,操作人员未持证上岗、违章操作,可能发生起重伤害事故。

(7)吊车吊运模板、钢筋骨架时,未严格执行安全操作规程,如不拉设导引绳,无专人指挥,吊运散装模板时未捆绑牢固即起吊,起重设备基础不稳定,钢丝绳断裂,大风天气吊运,超负荷吊运等,均可能发生起重伤害事故。

(8)模板未采取有效的防倾覆临时固定措施,可能发生倾倒,导致人员伤亡。已安装好的模板实际荷载超过设计值,已承受荷载的支架和附件随意拆除或移动,可能造成模板胀裂、支架失稳。

(9)在脚手架与墩身的空隙间未挂安全网,作业人员可能因注意力不集中发生高处坠落事故。

(10)混凝土输送泵泵送时,若混凝土管道支撑不牢固,未搭设专用固定支架,管道捆绑在模板和支架上,可能造成管道泄漏、断裂,甚至导致支架坍塌,从而引发安全事故。

(11)振捣器使用前未进行检查,外壳、胶皮电源线破损、未接地,手持式振捣器无触电保安器,操作振捣器不戴绝缘手套,雨天施工振捣器电动机不用防雨装置,可能导致操作人员触电伤害。

(12)由于模板及脚手架全部为钢结构,若临时用电不符合安全要求,如线路敷设不规范,电缆使用钢丝绑扎在脚手架上,未设置漏电保护器和保护接地措施,可能造成触电事故。

(13)拆除模板不按先支的后拆、后支的先拆的顺序进行拆除,不先拆承重模板、后拆非承重模板及支架,可能导致模板掉落伤人。

(14)拆除的模板未随拆随清理,可能阻碍通行,从而引发事故。

(15) 模板拆除时附近有人,易发生砸伤事故;模板拆除时硬撬模板,将导致大片散落。

(16) 交叉作业施工工序安排不合理,交叉作业时下方施工人员头顶位置未设置相应的安全防护措施,将无法保障下方施工人员人身安全。工作区域下方未设置安全警戒线,无关人员随意入内,容易发生物体打击事故。

(17) 桥墩施工时遇大风等恶劣天气,作业人员未及时撤离至地面安全处,大风过后未检查各项安全设施,可能诱发安全事故。

4) 桥台施工危险性分析

(1) 桥台基坑开挖过程中,若坡度过大,弃土、材料堆放不符合要求,排水不畅,可能会引起坍塌事故。

(2) 桥台背后的土压力和基础周围填土的重量,会增大地基中的应力和变形,易引起桥台后仰和前移,特别是在松软地基上的桥台,容易发生事故。

(3) 钢筋使用前要除锈,若操作工未着工作服、口罩、手套和防护眼镜未正确佩戴,锈粉侵入呼吸道、眼睛,危害人员健康。

(4) 钢筋加工时,操作前未检查机具(调直机、弯曲机、切断机、镦头机、电焊机等)的状态,可能造成操作人员机械伤害。

(5) 钢筋加工、混凝土浇筑过程中若临时用电不符合安全用电要求,可能发生触电事故。

(6) 桥台基础开挖、台背回填使用施工机械,可能发生车辆伤害。

2. 桥梁上部结构施工危险性分析

1) 预应力混凝土梁施工主要危险性分析

(1) 若钢绞线材质质量不合格,运输、装卸及其他原因导致其材质缺陷,钢绞线下料过程中若场地内动用电焊设备,电焊弧击伤钢绞线,可能造成钢绞线在张拉时断裂伤人。

(2) 夹片、锚具的硬度和圆锥度不足以及夹片有裂纹、有锈蚀现象,自锚能力不足,易造成夹片、锚具弹出伤人。

(3) 采用油顶、油表相互匹配的预应力张拉施工设备,在使用一定时间或次数后未及时校验,因油顶、油表不匹配造成张拉力控制不准确,发生安全事故。

(4) 锚垫板安装角度、位置不准确,应力过大,造成锚垫板松动,造成预应力施工安全事故。

(5) 在张拉施工时,油顶、锚具、锚垫板不在同一条线上,造成预应力施工不安全。

(6) 张拉油顶未采用安全可靠的钢支架配合导链吊挂,油顶掉落,伤害张拉操作人员。

(7) 张拉作业区未设立钢筋栅栏、安全防护网及安全防护标志,非作业人员进入,容易发生安全事故。

(8) 张拉或退锚时,张拉油顶后面站人,张拉作业区后方未设置木防护板,造成预应力钢筋拉断或锚具、夹片弹出伤人。

(9) 使用不合格的高压油管,张拉液压系统的高压油管的接头未加防护套,发生漏油伤人。

(10) 处理滑丝或断丝时在梁两端同时安装千斤顶,以防一端张拉时,另一端锚固失效导致钢绞线穿出伤人。

(11) 张拉作业时若发出异常响动,应停止作业,查明原因,否则可能发生事故。

2) 预应力混凝土梁运输危险性分析

本标段梁板预制完成后,利用龙门架将梁板自预制场吊至运梁车上,运梁车运梁过程可能存在以下危险性。

(1) 预应力混凝土梁在运输过程中,未按施工组织设计要求采取绑扎固定等安全措施,不了解运输路线情况以及路面、路宽、沿途各转弯半径、桥梁限宽、跨越交通道的电气线路高度等,可能造成预应力混凝土梁运输过程中发生碰撞、损坏等事故。

(2) 运梁车装梁时,梁重心未落在运梁车纵向中心线上;梁落在运梁车上时,未采用木板支垫,起不到减振保护作用;梁在运梁车上就位后,未采用对称支垫横隔板、对拉翼缘板等方式将梁稳固在运梁车上;运梁车运送梁片时,梁片支撑松动,均可能造成预制梁板在运输过程中发生碰撞、损坏等事故。

3) 预制混凝土梁架设施工危险性分析

采用架桥机架梁,架桥机属于大型临时设施,其安装、使用、拆除等都存在相对较大的危险性,具体分析如下。

(1) 架桥机为特种设备,若架桥机组装好后,未由有资质的单位检验合格便投入使用,架梁施工中可能因架桥机安装不符合要求或存在机械故障引起事故。

(2) 架桥机的安全装置(硬限位器和软限位器、天车吊钩超高限位器、起重限位器、刹车、轮止、夹紧轨钳及缆风绳等)未与主体结构同时安装、同时投入使用,使用过程中随意拆除,容易诱发安全事故。

(3) 架桥机架梁施工时,若电源突然中断或架桥机电气、机械故障容易引发各类事故。

(4)架桥机操作人员未经培训合格持证上岗,未按架桥机安全操作规程操作,易造成事故。

(5)架梁施工前,架梁起端的盖梁处未用脚手钢管搭设合格的上下梯(按立柱脚手架搭设),高处作业人员安全带保险钩挂钩点不牢固,在架梁施工中有从高处坠落的隐患。

(6)架梁施工所用的起重吊、索具的规格、材质、长度等不符合施工组织设计要求,采用未经检验合格的起重吊、索具,容易发生起重伤害事故。

(7)起重机械所处架梁作业区域的地基,必须整平压实,并铺上合适的路基箱板;路基箱板的铺设,应平整且下部垫实;地基须经验收合格;严防地基处理不当导致起重机械在重载下或重载回转失稳,以及运梁车轮深陷造成倾覆。

(8)第一片预制梁就位后,未设临时支架固定;每片预制梁就位后,未牢靠固定即松钩,可能发生倾覆。

(9)在高处进行起重、焊接等的作业人员放松个人防护工作,如未系好安全带和保险钩,易发生坠落事故,造成人员伤亡。

(10)夜间架设预制梁时,现场灯光照明不足容易发生安全事故。

4)预制构件湿接缝、横隔板施工危险性分析

(1)湿接缝和横隔板的施工属于高空作业,若湿接缝、横隔板下方未设置安全网和防止焊渣掉落的措施,桥下有人员通行、存在可燃物,可能发生高处坠落、物体打击、火灾事故。

(2)若湿接缝和横隔板的钢筋焊接时,现场未采取防火措施,焊渣可能使隔离竹胶板着火。

(3)湿接缝和横隔板支立模板不牢固,可能发生模板坠落伤人。

(4)横隔板焊接钢筋和支立模板时未挂置专门的吊篮或吊篮不满足临时机具要求,施工时易发生事故。

5)连续梁施工危险性分析

(1)连续梁采用悬臂浇筑法施工,施工前未进行施工专项安全设计,未制定专项施工方案,未对其专项施工方案进行专家审查,同时未对挂篮施工进行抗风载设计验算,可能导致坍塌等事故。

(2)在进行节段块施工并以托架做施工平台时,在平台边缘处未设安全防护设施,墩身两侧托架平台之间搭设的人行道板未连接牢固,可能发生坍塌、高处坠落等事故。

(3)采用挂篮施工时,使用的机具设备(如千斤顶、滑车、手动葫芦、钢丝绳等)不符合安全规定,可能造成钢丝绳断裂、用具设备损坏伤人等事故。

(4) 挂篮作业平台、安全网布设不当,施工平台防护设施不当,易导致作业人员不慎坠落,从而导致事故发生。

(5) 墩身预埋件和斜拉钢带的位置及坚固程度不符合设计要求,可能导致坍塌等事故。

(6) 挂篮使用时,后锚固钢筋、张拉平台的保险绳出现问题,可能导致坍塌等事故。

(7) 作业人员铁件工具掉落,可能发生物体打击事故。

(8) 箱梁凿毛人员及其他高处作业人员未按照要求使用劳动保护用品,作业平台未按照要求设置临边防护网,安全防护措施不当,可能发生高处坠落事故。

(9) 挂篮行走过程中,速度过快,挂篮后部未设一组溜绳,滑道铺设不够平整、顺直、存在偏移,可能发生挂篮倾覆事故及坍塌事故等。

(10) 张拉作业过程中未设置安全警示标志,未严格按照安全操作规程进行施工作业,可能导致事故发生。

(11) 张拉或退锚时,张拉油顶后面站人,张拉作业区后方未设置木防护板,造成预应力钢筋拉断或锚具、夹片弹出伤人。

(12) 处理滑丝或断丝时在梁两端同时安装千斤顶,以防一端张拉时,另一端锚固失效导致钢绞线穿出伤人。

(13) 张拉作业区未设立钢筋栅栏、安全防护网及安全防护标志,非作业人员进入,容易发生安全事故。

6) 现浇箱梁施工危险性分析

(1) 现浇箱梁采用钢管柱及型钢(贝雷桁)搭设门型支架施工,若使用的脚手架等材料不符合要求,未编制脚手架专项施工方案,方案未进行安全技术交底,脚手架未按方案搭设和拆除,脚手架未经验收合格,可能导致坍塌等事故。

(2) 作业前未对机具设备及防护设施进行检查,机械设备发生故障,安全附件不能正常运行,可能导致事故发生。

(3) 高处作业人员未按照要求使用劳动保护用品,作业平台未按照要求设置临边防护网,安全防护措施不当,可能发生高处坠落事故。

(4) 起重设备未经检验合格,安全附件失灵,操作人员未持证上岗或违章操作,可能发生起重伤害事故。

(5) 预应力张拉施工不符合要求,如未进行安全交底、无安全警示标志,无关人员进入张拉区,锚具、夹具不符合要求,未按程序张拉,人员违章,可能发生安全事故。

(6)模板安装、拆除未编制施工方案,模板安装、拆除未进行安全技术交底,可能发生安全事故。

(7)拆除前无混凝土强度报告,强度未达到设计要求提前拆模,可能影响混凝土施工质量,甚至导致坍塌事故的发生。

(8)支架立柱未置于平整、坚实的地基上,立柱底部未铺设垫板或混凝土垫块用以扩散压力;支架地基处无排水措施,被水浸泡,可能影响支架稳定性,导致坍塌事故。

(9)支架高度较高,且施工区域风载荷大,若未合理设置缆风绳,可能导致安全事故发生。

(10)支架拆除前,未清理施工现场、划定作业区;拆除时无专人值守,拆除作业无作业组长指挥,未按照自上而下进行,可能导致坍塌、物体打击、高处坠落等事故的发生。

7)桥梁防撞护栏施工危险性分析

(1)桥梁防撞护栏施工为临边作业,若护栏施工时临边侧未挂安全网,无可靠的立足点和防护设施,作业人员未正确使用劳动防护用品,可能发生高处坠落事故。

(2)若护栏施工时桥下未设置警戒区域、安全警示标志,人员从桥下通行时,一旦上方物体掉落,就容易发生物体打击事故。

(3)机械吊运模板时,若机械设备和绳索有缺陷,起吊后起吊区域内站人或通行,可能发生物体打击事故。

(4)模板拆除时,不按安全要求进行操作,如未用绳索拉住或用起吊设备拉紧,留有松动或悬挂的模板,硬砸或用机械大面积拉倒等,可能导致模板从高处坠落,造成下方人员伤亡。

(5)若在焊接作业处附近存在可燃物,焊工未持证上岗或违章操作,焊接火花可能引燃周边可燃物。另外,焊接烟尘、火花对人员有一定的职业危害。

(6)施工过程中临时用电不符合安全要求,可能发生触电。

(九)施工临时设施及施工便道危险性分析

1. 施工驻地危险性分析

若施工驻地平面布置不合理,活动板房的耐火等级不能满足要求,临时设施之间的距离不符合要求,易发生火灾事故。

驻地危险性主要来自驻地临时用电、食堂用气及驻地消防。

(1)若驻地临时用电不符合要求,电气线路敷设不规范,私拉乱接电气线路,未安装漏电保护器,使用不合格电气设备,使用大功率电器,可能引发触电、电气火灾。

（2）活动板房的耐火等级不高,若发生火灾容易造成火势蔓延,从而使事故扩大。

（3）若乱拉乱接电气线路或安装使用了不合格的电气产品,可能因过载、漏电、短路而引起电气火灾。

（4）若未按要求配备灭火器材,发生初始火灾时,无法及时灭火,火势扩大,可能造成人员伤亡和设备损坏。

（5）厨房使用液化石油气作为燃料,若液化石油气在使用过程中发生泄漏,人员大量吸入可能导致窒息;泄漏的液化石油气与空气混合形成爆炸性气体,遇点火源可能引起火灾爆炸事故。

2. 施工便道设置危险性分析

（1）若施工便道修筑时未根据材料运输量、运输方式、运输机械的投入情况,充分考虑其荷载、路面宽度、转弯半径等,在运输过程中可能因施工车辆超重、便道损坏而造成事故,可能因路面宽度不足导致大型车辆无法正常通行或车辆会车时无法错车,可能因转弯半径不足导致运输事故。

（2）施工便道坡陡、路窄、坑洼不平,排水沟出现断沟、垮塌、堵塞,急弯处未设置安全警示标志,悬崖处缺少防撞墩,施工便道夜间没有照明设施,这些都属于施工现场的严重隐患,如不及时采取安全措施,极易因路况恶劣而发生撞车、高处坠落、翻车等伤害事故。

（3）若在陡坡段路面未按要求进行防滑处理,车辆超载运行,便道安全警示标志设置不合理,可能引起翻车事故。

（4）施工便道临边未设置防护栏,或设置的防护栏强度不足,发生事故时车辆可能翻出路面。

（5）施工便道交通条件相对较差,若施工车辆不具备相应的安全条件,驾驶员不具备相应的驾驶技能,可能引起事故。

（6）施工便道承载力有限,若工程车辆超重运行,可能使施工便道受损,从而引起事故。

（7）雨雪天气,路面湿滑,加大了运输的风险。

3. 施工用电危险性分析

（1）采用箱式变电站供电时,其外壳、装有仪表和继电器的箱门,未实现可靠的连接和实施保护接地,可能导致人员意外触电。

（2）在柴油发电机设置场所任意堆积可燃杂物或进行动火作业,极可能发生火灾事故。

（3）供电线路路径选择不当，没有避开河道、施工中交通繁忙场所和易受雨水冲刷的地带，容易发生断路、短路、绝缘老化、触电等事故，威胁线路的安全运行。

（4）施工现场埋地电缆的敷设，没有设置电缆走向标志，在开挖和回填施工中，极易挖断和碰伤电缆，不但会影响施工供电，还会引发触电伤亡事故。

（5）低压电缆架空敷设时，电缆接头不采取防水措施，容易发生短路事故。

（6）电气设备的金属外壳及与该电气设备连接的金属构架，不能与接地保护线实现可靠连接，当电气设备绝缘损坏时，外壳带电，容易发生触电伤亡事故；保护零线上设开关或熔断器，十分危险，一旦它们断路，设备将丧失保护；采用串联接地或接零措施时，一旦某设备保护地线或保护零线接触不良或断线，就会使以下所有设备失去保护。

（7）变压器的高压侧未装设避雷器或设置放电间隙，易发生雷击，威胁人身和设备安全。

（8）配电箱和开关箱没有遮雨设施，若进线口和出线口设置在箱的上部，电源引出线未穿管且未设置防水弯头，容易因进水造成短路事故，甚至还可能导致电气火灾。

（9）使用移动式电动工具、手持式电动工具未采取保护接地或保护接零措施、无专用受电开关、采用插座连接时插座破损、绝缘损坏、未增设高灵敏动作漏电保护器、电源线接头多绝缘老化损坏、线路接线错误等，易发生触电危险。

（10）在特别潮湿环境中，电气设备、电缆、导线等未选用封闭型或防潮型，电气设备金属外壳、构架和管道接地不良，移动式电动工具或手持式电动工具未加装漏电保护器，行灯电压大于 12 V，电气作业不按规定穿戴和使用劳动防护用品，劳动防护用具不能保证安全用电，容易发生伤害事故。

（11）在施工过程中，未编制临时用电方案，临时用电不符合规范，作业人员安全用电意识淡薄，违章用电，易导致触电事故。常见的违章用电情形如下：

① 非电工操作；

② 未采用 TN-S 接地、接零保护系统；

③ 未采用三级配电和两级漏电保护，甚至从总配电箱上直接接线，不设漏电保护器；

④ 用电设备开关箱的配置不满足"一机、一闸、一漏、一箱"的要求；

⑤ 私拉乱接电线；

⑥ 施工电线不采用电缆，使用铝芯线、胶质线等；

⑦ 电缆绝缘皮破损不包扎，开关损坏不更换；

⑧ 电缆敷设不符合要求,如电缆拖地、电缆采用铁丝绑扎或绑扎于脚手架上、过路线不穿管保护等;

⑨ 不使用插头,而将电缆直接插入插座内;

⑩ 开关箱前堆放杂物,无安全通道。

4. 混凝土拌合站危险性分析

(1) 搅拌车与其他施工车辆可能相互影响,发生交通事故。

(2) 混凝土拌合站涉及高耸建筑,若未设置防雷装置并经检测合格,可能引起雷击。

(3) 拌合站设备转动部位未采取安全防护措施,皮带输送机端头未按要求设置防护装置,工作人员违章操作,设备运行过程中可能发生机械伤害。

(4) 混凝土拌合站为用电设备,生产过程、检修过程中若用电组织措施不健全、技术措施不完善,如电气设备绝缘损坏、保护接地不良或失效、接线错误、电线裸露、安装不合格、设备不合格、违章用电,可能导致触电事故。作业环境潮湿,若发生漏电,人员接触可能引起触电伤害。

(5) 车辆在拌合站内行驶时,若车辆车况差、带"病"运行,驾驶员未经培训合格取得资格证,驾驶员违章驾驶,可能造成车辆伤害。

(6) 拌合站材料堆放无序或超高堆放,可能引起堆材垮塌,造成物体打击。

5. 弃渣中转场危险性分析

(1) 弃渣中转场堆积不合理,易造成边坡失稳,诱发滑坡、崩塌,或形成危岩。

(2) 弃土作业时,应在整个弃土线上按分区间歇式排土,让新排弃的岩土有充分的时间沉降和压实,否则易造成局部排土工作面推进过快,引起边坡失稳。

(3) 若弃渣中转场没有采取可靠的截流、防洪和排水等一系列工程措施进行水的治理和疏排工作,地表水、雨水难以及时排出场外,极易引发滑坡和泥石流。

(4) 弃渣中转场排土台阶岩土松散、孔隙率高,台阶的沉降变形频繁,如不及时填实加固,容易发生安全事故;汽车排土时,平台边缘未设置安全车挡,极易发生高处坠落事故。

(5) 若弃渣中转场选址前未对周边环境进行考察,未考虑拟选场地周边冲沟、河流、滑动面等地理因素和居民居住地人口活动等,可能因选址不合理而引起事故。若弃渣中转场下游影响范围内存在民房,一旦弃渣中转场垮塌甚至发生泥石流,极易造成群死群伤事故。

(6) 若弃渣中转场未按要求设置挡土墙或挡土墙设置不合理,弃土达到一定量时,尤其在暴雨天气可能发生坍塌或滑坡,从而导致事故。

（7）若未按要求对弃渣中转场进行滑动观测，无法及时了解弃渣中转场的变化，对事故隐患无法及时掌握和防范，可能引起事故。

（十）其他公用及附属工程危险性分析

1. 防排水危险性分析

便道防排水系统不完善，易引发基坑、高填方坍塌、泥石流等事故。路面排水系统不合理，遇雨天可能造成局部积水，冬季易引起路面结冰，影响道路安全运行。

2. 空压机危险性分析

（1）空压机的主要危险是空压机机械故障、储气罐爆炸，以及噪声、振动。

（2）购入的空压机非有资质的生产厂家生产的空压机，或空压机本身就有缺陷；购入的空压机不能提供质量合格证、受压元件强度计算书、安全阀排放量计算书、安装使用说明书等；空压机未设置冷却器或冷却器已坏；空压机使用的油质不符合要求或未按规范定期更换润滑油，均可能引发空压机机械故障。

（3）储气罐未定期检验是否合格，安全附件不齐全或失灵，可能发生容器爆炸事故。

（4）空压机发生少量漏油，油质在空压机内受热分解，形成低烃类物质，可能引起燃烧爆炸。

（5）空压机在工作时产生噪声及振动，会对人员造成耳聋的危险或使人员产生心理疾病。

（6）空压机皮带防护罩缺失或失效，可能引起机械伤害。

（十一）施工机械设备运行过程中的危险性分析

1. 一般机械设备使用危险性分析

挖掘机、推土机、装载机等机械设备，驾驶员酒后上岗，带"病"作业，设备不及时维修，未定期更换易损件，一旦操作失灵，辅助工站立位置的安全距离不够，横向移动时发生凿斗倾泻，装料时落料位置偏移或土石飞溅，会发生土石伤人的事故。

2. 特种设备设施危险性分析

（1）压缩空气储罐危险性分析。

若压缩空气储罐未定期检测是否合格，存在质量缺陷，安全阀、压力表等安全附件不齐全，可能引起容器爆炸。

若压缩空气储罐安全阀、压力表等安全附件未按时进行校验，无法正常使用，超压时不能正常显示和泄压，可能引起爆炸。

(2) 气瓶危险性分析。

气瓶存放方式不当可能引起火灾、爆炸事故,原因可能有:

① 氧气瓶与其他易燃气体气瓶、油脂和易燃易爆物品同室储存;

② 气瓶库房与高温、明火地点间距不当,如氧气瓶、乙炔气瓶与高温、明火的间距小于 10 m;

③ 消防设施配置不当;

④ 氧气、乙炔等气瓶储存未设置库房,或露天存放未设置遮阳设施;

⑤ 气瓶直立放置时,未采取防止气瓶倾斜的措施。

气瓶使用方式不当可能引起火灾、爆炸事故,原因可能有:

① 气瓶放置位置不当,例如氧气瓶与乙炔气瓶之间的距离小于 5 m;

② 气瓶内气体用尽,未保留一定压力的气体,致使空气进入气瓶;

③ 装卸、搬运气瓶时野蛮作业,随意抛扔、滚动,产生剧烈振动和撞击,可能引起易燃气体气瓶泄漏。

3. 起重设备(架桥机、吊车)在使用过程中的危险性分析

起重设备(架桥机、吊车)使用过程中存在的主要危险是起吊物自由落下和横向摆动时,砸压和撞击人,从而造成起重伤害。造成起重伤害的原因如下。

(1) 起重机械本身有缺陷、安装不当,如:

① 起重机械未经检测合格;

② 起重机械未设安全附件或安全附件失效;

③ 随意拆卸安全装置,用限位装置代替制动装置等;

④ 限位器、制动器失灵;

⑤ 吊钩无防滑钩装置等;

⑥ 架桥机安装时前后支垫不稳,组装时连接不牢。

(2) 不按相应的操作规程操作,如:

① 起重运输机械操作工未取得相应的职业资格证;

② 有职业禁忌证的作业人员在岗作业;

③ 被吊物质量超过机构性能允许范围;

④ 信号不清;

⑤ 吊装物下方站人;

⑥ 立式构件、大模板不用卡环;

⑦ 斜拉牵物;

⑧ 散物捆扎不牢;

⑨ 零碎物无容器盛装;

⑩ 吊装物质量不明；

⑪ 吊、索具不符合规定；

⑫ 作业现场光线阴暗；

⑬ 使用起重机构，未正确选择起吊点；

⑭ 未进行试吊，直接起吊；

⑮ 起重作业运输速度不均匀，忽快忽慢；

⑯ 轮式起重机进行横吊时未架支撑脚；

⑰ 在大风、大雾、雨雪等天气下施工。

(3) 起重安全间距不符合要求，如：

① 起吊作业区下方有无关人员进入；

② 在高压线下作业，与高压线的安全距离不能满足要求；

③ 起重作业时未划分安全净空区。

(十二) 设备检修过程中的危险性分析

(1) 检修人员上高大装置的顶部或上其他高台检修，未系安全带（绳），因手未抓稳、脚未踏实等从高空坠下，轻者摔伤，重者死亡。

(2) 检修吊放圆形部件时，因地势不平，未塞三角垫而取钩后，引起圆形部件滚动，从而发生碾压伤人事故。

(3) 检修人员拆卸过硬或过度配合的机件，用重磅榔头敲击轴件时，轴件被击会造成对面站立而不注意的人被击伤。

(4) 检修人员在高空检修，工具乱丢、乱放被人踢下或工具未拿紧使力过猛而滑落，遇人撞着也会造成砸伤人的事故。

(5) 在进行机械设备和电气设备的检修时，如不遵守安全规程，在检修前未切断设备的动力源，未挂"有人检修严禁合闸"等警示牌，检修时无人监护，一旦突然恢复动力源，检修电气设备的人员即被电击，造成伤亡事故，检修机械设备的人员则会受到机械设备的伤害。

(十三) 设备、材料运输、装卸过程中的危险性分析

1. 运输、装卸作业的基本要求

(1) 以承包方式承担施工运输任务的个体运输车辆安全技术性能差、驾驶员安全素质低、野蛮装卸、超载运输现象时有发生，若项目部没有及时采取相应有效的安全措施，以包代管放任自流，不对个体运输车辆驾驶员进行安全教育，不对个体运输车辆状况进行定期检查，缺少对现场的监督和指挥，极易发生各类运输安全事故。

（2）对于装卸作业现场，若装卸区域较小，未设置错车道和人行通道，现场无专人指挥和调度，容易引发车辆伤害甚至车毁人亡事故；若车辆装的是危险化学品、民爆器材等，将造成重大事故和财产损失。

（3）施工便道坡陡、路窄、坑洼不平，排水沟出现断沟、垮塌、堵塞，急弯处未设置安全警示标志，悬崖处缺少防撞墩，施工便道夜间没有照明设施，这些都属于施工现场的严重隐患，如不及时采取安全措施，极易因路况恶劣而发生撞车、高处坠落、翻车等伤害事故。

（4）若运输车辆没有按规定进行维护保养，车况差、刹车失灵、照明系统损坏等，雨雪季节未采取限速、限载、防滑等防范措施，驾驶员酗酒、疲劳驾驶、注意力不集中，极易发生交通运输事故。

（5）运输车辆超载、超宽、超高运输，极易发生车辆擦碰、撞击、倾覆事故，造成人员伤害；运装大体积或超长料具、设备时应有专人指挥，用专车运输，并安排"指挥车"引导，夜间应设置显示装运物体界限的"红灯"，否则极易发生重大运输安全事故。

（6）装载机作业前未采取洒水降尘措施，装岩土时所产生的粉尘会污染环境并危及现场作业人员的健康；用装载机出渣前，未检查工作面顶帮的浮石，在铲斗工作时极易因浮石垮落给设备和作业人员造成物体打击损害；人员从升举的铲斗下通过或在升举的铲斗下停留，有人员伤亡危险；装载机在高坡陡坎作业时，工作平台宽度不够，危险边界未设置安全警示标志，易发生设备及人员高处坠落伤害事故；设备使用前，对各部分功能未进行仔细检查，设备带"病"工作，极易操作失控，危及设备和驾驶人员的安全；装载机铲斗超负荷作业，易发生倾覆和高处坠落事故。

2. 易燃液体的运输、装卸

（1）柴油属于可燃液体，若采取油罐车运送柴油，罐体未设置防静电接地装置或柴油发生泄漏遇火源，可能发生火灾。

（2）卸油场所应设置防雷防静电接地装置，严禁烟火，并与周边明火、建筑物、民宅、道路等保持安全距离，邻近的电气设备应整体防爆，否则难以避免燃爆事故的发生和对周边环境的破坏。

3. 压缩气体的运输、装卸

运输、装卸氧气瓶、乙炔气瓶时，应遵守下列要求，否则易发生燃烧爆炸事故：

（1）运输车辆应有明显安全标志；

（2）氧气瓶、乙炔气瓶应专车分运；

(3) 气瓶的安全附件(瓶帽、防振圈)应完好；

(4) 气体轻装轻卸，严禁抛、滑、滚、碰；

(5) 吊装时严禁使用电磁起重机和金属链绳；

(6) 易燃、易爆、腐蚀性物品或与气瓶内气体起化学反应的物品，不得与气瓶一起运输；

(7) 车辆运输时，气瓶应妥善固定，立放时车厢高度应在瓶高的 2/3 以上，卧放时瓶阀端应朝向一方，垛高不得超过五层且不得超过车厢高度；

(8) 气瓶运输中，严禁烟火，并配备灭火器材；

(9) 夏季运输应有遮阳设施，避免暴晒，尽可能在早晚运输。

4. 油漆、香蕉水等可燃物的运输、装卸

由于油漆中含有大量低闪点的溶剂，因此其蒸气易与空气构成爆炸性混合物。香蕉水可燃，在运输及装卸场合，应防止泄漏，严禁烟火，保持良好的通风环境，否则极易引发燃爆事故。

(十四) 施工安全管理危险性分析

(1) 若建设项目的设计、施工、监理及检验检测单位不具备相应的工程资质，则不能保证建设项目的安全质量，可能引起事故。

(2) 建设单位在铁路工程施工招标文件中未按照法律、法规的规定对施工单位的安全生产条件、安全生产信用情况、安全生产的保障措施等提出明确要求，可能引起安全生产事故。

(3) 勘察、设计、监理单位未按照法律、法规和工程建设强制性标准进行勘察、设计、监理，可能造成勘察文件不准确、设计不合理、监理不到位等问题，导致安全生产隐患或者生产安全事故的发生。

(4) 建设工程实行施工总承包，总承包单位依法将建设工程分包给其他单位。若分包合同中未能明确各自在安全生产方面的权利、义务，可能引起安全职责不明、整治安全隐患不及时等问题，从而造成生产安全事故。

(5) 建设项目未建立铁路路桥隧工程安全生产应急管理机制，未制定重大生产安全事故应急预案，在发生事故时不能及时组织应急救援，人员混乱、应急设施不落实，将不能及时进行抢救，导致事故扩大。

(6) 施工单位未编制施工组织设计或未明确安全生产内容，未编制临时用电方案，未按规定进行安全技术交底等，未建立健全安全生产责任制度和安全生产教育培训制度及安全生产技术交底制度，安全生产规章制度和操作规程不全面、不规范，会造成安全生产管理漏洞，导致因管理不善而酿成事故。

(7) 施工单位未设立安全生产管理机构，未配备专职安全生产管理人员，造成施工安全管理不到位,从业人员忽视规章制度,违章作业而引起事故。

(8) 施工单位不投入保证安全生产条件所需资金,资金和设施装备等物质得不到保障,安全生产工作无法正常进行。

(9) 施工单位在施工现场未建立消防安全责任制度,未确定消防安全责任人,未制定用火、用电、使用易燃易爆材料等各项消防管理制度和操作规程,未设置消防通道并配备相应的消防设施和灭火器材,火灾发生时无法救火或耽误救火时机,可能造成重大火灾、爆炸事故。

(10) 施工单位未取得安全生产许可证,主要负责人、项目负责人、专项安全生产管理人员未经专门培训并考核合格、取得任职资格,无证上岗,可能导致安全生产管理漏洞,导致因管理不善而酿成事故。

(11) 施工单位的特种设备未经检验合格投入使用,特种设备操作人员和特种作业人员未按照国家规定经过专门的安全作业培训并取得特种作业操作资格证书,无证上岗,违反操作规程,导致引起事故。

(12) 施工单位未针对项目特点制定生产安全事故应急预案并定期组织演练;发生生产安全事故时,施工单位未立即向建设单位、监理单位和事故发生地的铁路工程安全生产监督部门以及安全监督部门报告;建设单位、施工单位未能立即启动事故应急预案、组织力量抢救,可能造成救援不及时,导致事故扩大,甚至引起二次事故。

(13) 安全设施不全、施工人员注意力不集中、施工设备质量不合格、施工人员不按规程操作可能导致坠落伤害、撞伤事故。

(14) 安全管理制度及操作规程执行情况较差,形同虚设,易造成重大的安全事故。

(15) 未加强劳动防护用品的采购、合格检验等工作的开展,劳动防护用品不合格或失效,在事故时起不到保护作用,易造成事故扩大化。

三、重大危险源辨识

(1) 重大危险源的辨识依据为国家标准《危险化学品重大危险源辨识》(GB 18218—2018)。

(2) 危险化学品重大危险源是指长期或临时地生产、储存、使用和经营危险化学品,且危险化学品的数量等于或超过临界量的单元。

(3) 生产单元、储存单元内存在的危险化学品的数量等于或超过规定的临界量,即被定为重大危险源。单元内存在的危险化学品的数量根据危险化学品种类的多少区分为以下两种情况。

① 生产单元、储存单元内存在的危险化学品为单一品种时,该危险化学品

的数量即为单元内危险化学品的总量,若等于或超过相应的临界量,则定为重大危险源。

② 生产单元、储存单元内存在的危险化学品为多品种时,按下式进行计算,若满足下式,则定为重大危险源:

$$S = q_1/Q_1 + q_2/Q_2 + \cdots + q_n/Q_n \geqslant 1$$

式中:S——辨识指标;

$q_1, q_2, \cdots, q_n$——每一种危险化学品的实际存在量,单位为吨;

$Q_1, Q_2, \cdots, Q_n$——对应危险化学品的临界量,单位为吨。

(4) 根据都四山地轨道交通项目 DSZH 标项目经理部施工期使用危险化学品的实际情况,按照《危险化学品重大危险源辨识》(GB 18218—2018)进行分析。

① 氧气、乙炔。

本标段氧气、乙炔使用量远小于临界量,不构成重大危险源。

② 油罐。

本标段设置临时油罐,柴油储罐的量远小于 5000 t,不构成重大危险源。

综上,本项目涉及的危险化学品不构成重大危险源。

四、危险有害因素分析汇总

经过上述危险有害因素分析,四川省交通建设集团有限责任公司都四山地轨道交通项目 DSZH 标项目经理部存在的主要危险有害因素包括火灾、其他爆炸、容器爆炸、触电、机械伤害、高处坠落、物体打击、起重伤害、车辆伤害、坍塌,如表 3-3 所示。

表 3-3 危险有害因素分析结果汇总表

序号	事故类型	危险源或危险因素
1	火灾	电焊火花;柴油泄漏;线路老化、超负荷、短路等
2	其他爆炸	柴油泄漏达到爆炸标准等
3	容器爆炸	乙炔气瓶、氧气瓶放置不规范、安全距离不符合规定
4	触电	配电箱安装不规范;机械操作离高压线无安全距离;线路乱接乱拉、布设不合理;架空线路无钢构件支撑;无三级配电、两级保护措施;设备电线老损;配电间无专门规章制度;闲杂、非专业人员入内等

续表

序号	事故类型	危险源或危险因素
5	机械伤害	搅拌机、砂浆机缺陷等设备缺陷;防护设施缺失;加工方法不当;机械性能不良、故障;违章操作机械等
6	高处坠落	基坑周边无围护;临边无防护;人员高处违章操作;未使用安全防护用品或防护用品失效;登高顶时踩空等
7	物体打击	钢筋弯拉达不到安全防护距离;未戴安全帽;钢筋断裂、锚具脱落;吊装设备和工/索具选用不当,物料捆扎不当或断裂、违章操作;机械支撑缺陷;材料装卸不当等
8	起重伤害	起重设备未经检验合格,安全附件失灵,操作人员未持证上岗或违章操作;未编制架桥机安装作业专项施工方案,未对架桥机的稳定性、承载能力及对下部构造的影响进行验算;五级以上大风天气进行作业,架桥机停止工作时未切断电源,未用索具稳固;架桥机在正式使用前未按规定进行静、运载试验和试运行;安装拆除未由专业人员作业,吊装作业人员未持证上岗,起重吊装无专人指挥;架桥机过孔作业时,施工现场无警戒线、过孔操作过程中未严格遵循施工工序;非施工人员进入警戒区等
9	车辆伤害	违章驾驶;车辆故障等
10	坍塌	边坡不稳,未按规定放坡;方案不合理;无专人现场观察;支护操作不规范;雨水排泄不畅

第三节 事故风险分析

四川省交通建设集团有限责任公司都四山地轨道交通项目 DSZH 标项目经理部事故风险类型以及发生的可能性和影响范围情况如表 3-4 所示。

表 3-4 事故风险分析结果表

序号	事故类型	危险源或危险因素	后果严重性	可能性	影响范围
1	火灾	电焊火花;柴油泄漏;线路老化、超负荷、短路等	可能造成个体伤亡	可能发生	作业人员伤害

续表

序号	事故类型	危险源或危险因素	后果严重性	可能性	影响范围
2	其他爆炸	柴油泄漏达到爆炸标准等	可能造成个体伤亡	可能发生	作业人员伤害
3	容器爆炸	乙炔气瓶、氧气瓶放置不规范、安全距离不符合规定	可能造成个体伤亡	可能发生	作业人员伤害
4	触电	配电箱安装不规范;机械操作离高压线无安全距离;线路乱接乱拉、布设不合理;架空线路无钢构件支撑;无三级配电、两级保护措施;设备电线老损;配电间无专门规章制度;闲杂、非专业人员入内等	可能造成个体伤亡	可能发生	作业人员伤害
5	机械伤害	搅拌机、砂浆机缺陷等设备缺陷,防护设施缺失;加工方法不当;机械性能不良、故障;违章操作机械等	可能造成个体伤亡	可能发生	作业人员伤害、设备损失
6	高处坠落	基坑周边无围护;临边无防护;人员高处违章操作;未使用安全防护用品或防护用品失效;登高顶时踩空等	可能造成个体伤亡	可能发生	作业人员伤害、设备损失
7	物体打击	钢筋弯拉达不到安全防护距离;未戴安全帽;钢筋断裂、锚具脱落;吊装设备和工/索具选用不当;物料捆扎不当或断裂;违章操作;机械支撑缺陷;材料装卸不当等	可能造成个体伤亡	可能发生	作业人员伤害、设备损失

续表

序号	事故类型	危险源或危险因素	后果严重性	可能性	影响范围
8	起重伤害	起重设备未经检验合格,安全附件失灵,操作人员未持证上岗或违章操作;未编制架桥机安装作业专项施工方案,未对架桥机的稳定性、承载能力及对下部构造的影响进行验算;五级以上大风天气进行作业,架桥机停止工作时未切断电源,未用索具稳固;架桥机在正式使用前未按规定进行静、运载试验和试运行;安装拆除未由专业人员作业,吊装作业人员未持证上岗,起重吊装无专人指挥;架桥机过孔作业时,施工现场无警戒线,过孔操作过程中未严格遵循施工工序;非施工人员进入警戒区等	可能造成个体伤亡	可能发生	作业人员伤害、设备损失
9	车辆伤害	违章驾驶;车辆故障等	可能造成个体伤亡	可能发生	作业人员伤害
10	坍塌	边坡不稳,未按规定放坡;方案不合理;无专人现场观察;支护操作不规范;雨水排泄不畅	可能造成个体伤亡	可能发生	作业人员伤害、设备损失

一、风险辨识、评估准则

风险辨识、评估准则包括事件发生的可能性、严重性的取值标准及风险等级评定标准,见表 3-5 至表 3-7。

表 3-5　事故发生的可能性分析

级别	说明	描述
Ⅰ	极有可能发生	全国范围内发生频率极高
Ⅱ	很可能发生	全国范围内发生频率较高
Ⅲ	可能发生	全国范围内发生过,类似区域/行业也偶有发生;评估范围未发生过,但类似区域/行业发生频率较高
Ⅳ	较不可能发生	全国范围内未发生过,类似区域/行业偶有发生
Ⅴ	基本不可能发生	全国范围内未发生过,类似区域/行业也极少发生

表 3-6　事故发生的后果严重性分析

级别	说明	描述
1	影响特别重大	造成 30 人以上死亡或 100 人以上重伤(包括急性工业中毒,下同),造成巨大财产损失,造成极其恶劣的社会舆论和政治影响
2	影响重大	造成 10 人以上 30 人以下死亡或 50 人以上 100 人以下重伤,造成严重财产损失,造成恶劣的社会舆论,产生较大的政治影响
3	影响较大	造成 3 人以上 10 人以下死亡或 10 人以上 50 人以下重伤,需要外部援救才能缓解,造成较大财产损失或赔偿支付,在一定范围内造成不良的舆论影响,产生一定的政治影响
4	影响一般	造成 3 人以下死亡或 10 人以下重伤,现场处理(第一时间救助)可以立刻缓解事故,造成中度财产损失,有较小的社会舆论,一般不会产生政治影响
5	影响很小	无伤亡,财产损失轻微,不会造成不良的社会舆论和政治影响

注:1.本表所称的"以上"包括本数,所称的"以下"不包括本数。
　　2.风险后果中死亡人数、重伤人数的确定是参照《生产安全事故报告和调查处理条例》(国务院令第 493 号)进行描述的;若其他行业/领域对后果严重性有明确分级的,可依据相关规定实施。

表 3-7　风险等级划分

级别	危险程度	可能导致的后果	警示色
一级	重大风险	一定条件下易导致特别重大生产安全事故	红色
二级	较大风险	一定条件下易导致重大生产安全事故	橙色
三级	一般风险	一定条件下易导致较大生产安全事故	黄色
四级	较小风险	一定条件下易导致一般生产安全事故	蓝色

二、风险辨识、评估方法

风险矩阵(risk matrix)是一种将定性或半定量的后果分级与产生一定水平的风险或风险等级的可能性相结合的方式,如表 3-8 所示。

表 3-8 风险分级(风险矩阵)

风险等级		后果				
		影响特别重大	影响重大	影响较大	影响一般	影响很小
可能性	极有可能发生	25	20	15	10	5
	很可能发生	20	16	12	8	4
	可能发生	15	12	9	6	3
	较不可能发生	10	8	6	4	2
	基本不可能发生	5	4	3	2	1

图例：■重大风险(1级) ■较大风险(2级) ■一般风险(3级) ■低风险(4级)

注：分级结果为无颜色区域的风险点不列入清单管理。

三、风险矩阵评估

(1) 在危险源辨识过程中发现危险源属于如下情况时,可直接确定为不可接受风险：

① 违反国家相关法律法规和标准,有缺陷或不符合要求,而由此潜在的风险为重大风险；

② 历史上发生过事故、重大未遂事故和险情,但目前防范措施仍未到位由此潜在的风险为重大风险；

③ 矩阵法评价风险值大于或等于 20 的风险为重大风险；

④ 不符合企业方针的；

⑤ 员工或相关方有强烈抱怨和要求的。

(2) 采取矩阵法分析危险源导致危险事件、事故发生的可能性和后果,确定企业风险等级。

四、事故风险评价汇总

事故风险评价汇总表如表 3-9 所示。

表 3-9　事故风险评价汇总表

序号	事故类型	危险源或危险因素	后果严重性	可能性	影响范围	得分	风险等级
1	火灾	电焊火花；柴油泄漏；线路老化、超负荷、短路等	可能造成个体伤亡	可能发生	作业人员伤害	9	一般风险
2	其他爆炸	柴油泄漏达到爆炸标准等	可能造成个体伤亡	可能发生	作业人员伤害	9	一般风险
3	容器爆炸	乙炔气瓶、氧气瓶放置不规范、安全距离不符合规定	可能造成个体伤亡	可能发生	作业人员伤害	6	低风险
4	触电	配电箱安装不规范；机械操作离高压线无安全距离；线路乱接乱拉、布设不合理；架空线路无钢构件支撑；无三级配电、两级保护措施；设备电线老损；配电间无专门规章制度；闲杂、非专业人员入内等	可能造成个体伤亡	可能发生	作业人员伤害	6	低风险
5	机械伤害	搅拌机、砂浆机缺陷等设备缺陷；防护设施缺失；加工方法不当；机械性能不良、故障；违章操作机械等	可能造成个体伤亡	可能发生	作业人员伤害、设备损失	6	低风险
6	高处坠落	基坑周边无围护；临边无防护；人员高处违章操作；未使用安全防护用品或防护用品失效；登高顶时踩空等	可能造成个体伤亡	可能发生	作业人员伤害、设备损失	6	低风险

续表

序号	事故类型	危险源或危险因素	后果严重性	可能性	影响范围	得分	风险等级
7	物体打击	钢筋弯拉达不到安全防护距离；未戴安全帽；钢筋断裂、锚具脱落；吊装设备和工/索具选用不当、物料捆扎不当或断裂、违章操作；机械支撑缺陷；材料装卸不当等	可能造成个体伤亡	可能发生	作业人员伤害、设备损失	6	低风险
8	起重伤害	起重设备未经检验合格，安全附件失灵，操作人员未持证上岗或违章操作；未编制架桥机安装作业专项施工方案，未对架桥机的稳定性、承载能力及对下部构造的影响进行验算；五级以上大风天气进行作业，架桥机停止工作时未切断电源，未用索具稳固；架桥机在正式使用前未按规定进行静、运载试验和试运行；安装拆除未由专业人员作业，吊装作业人员未持证上岗，起重吊装无专人指挥；架桥机过孔作业时，施工现场无警戒线，过孔操作过程中未严格遵循施工工序；非施工人员进入警戒区等	可能造成个体伤亡	可能发生	作业人员伤害、设备损失	6	低风险

续表

序号	事故类型	危险源或危险因素	后果严重性	可能性	影响范围	得分	风险等级
9	车辆伤害	违章驾驶;车辆故障等	可能造成个体伤亡	可能发生	作业人员伤害	6	低风险
10	坍塌	边坡不稳,未按规定放坡;方案不合理;无专人现场观察;支护操作不规范;雨水排泄不畅	可能造成个体伤亡	可能发生	作业人员伤害、设备损失	12	较大风险

五、事故风险辨识、评估结论及建议

(一)结论

通过以上分析总结,四川省交通建设集团有限责任公司都四山地轨道交通项目DSZH标项目经理部事故风险辨识、评估结论如下。

通过对都四山地轨道交通项目DSZH标项目经理部可能发生事故类型的分析及风险等级评估可知,主要事故类型为火灾、其他爆炸、容器爆炸、触电、机械伤害、高处坠落、物体打击、起重伤害、车辆伤害、坍塌,其中坍塌为较大风险,火灾、其他爆炸为一般风险,其他事故类型为低风险,不存在重大风险。都四山地轨道交通项目DSZH标项目经理部在施工过程中应重点控制坍塌、火灾、其他爆炸。

(二)建议

四川省交通建设集团有限责任公司都四山地轨道交通项目DSZH标项目经理部应根据《生产经营单位生产安全事故应急预案编制导则》(GB/T 29639—2020)等相关规范要求,完善综合预案,并根据风险辨识、评估结果,编制各类专项预案以及现场处置方案,完善应急队伍和应急物资配置,确保生产安全事故发生时,能够有效处置。

第四节 隐患排查治理

隐患排查治理应符合下列规定。

(1)事故隐患分为一般事故隐患和重大事故隐患,隐患等级应结合危险源辨识和施工现场实际情况进行判别。隐患排查和安全检查可以合并开展。

（2）隐患排查应包括所有与项目施工相关的场所、环境、人员、设备、设施和活动。

（3）项目部应对排查出的事故隐患按照等级进行分类登记，填写安全生产隐患排查情况月报表，建立安全生产隐患排查治理台账。

（4）隐患治理应根据隐患排查结果制定隐患治理方案，隐患治理方案应包括目标和任务、方法和措施、经费和物资、机构和人员、时限和要求。重大事故隐患在治理前应采取临时控制措施，并制定应急预案。重大事故隐患需要填写重大事故隐患报备表。

第四章 应急管理

第一节 应急预案编制

项目部应当针对每一种类的风险,根据存在的重大风险源和可能发生的事故类型,编制相应的专项应急预案,针对安全风险较大的重点场所(设施)制定现场处置方案。

第二节 应急队伍

项目部负责组织成立本项目的应急救援领导小组,开展应急救援管理工作,结合工程规模组建兼职应急救援队伍。

项目部应与所在地应急管理部门、公安部门、医院等单位互联互通,建立应急救援协作单位台账。

第三节 应急物资

项目部按照规定设置应急设施,配备应急装备,储备应急物资,安排专人管理,定期检查、维护、保养,确保其完好、可靠,并按要求填报应急救援物资装备台账,且应急救援装备使用后应及时进行维护。

第四节 项目应急组织体系

四川省交通建设集团有限责任公司都四山地轨道交通项目DSZH标项目经理部隶属四川省交通建设集团有限责任公司。项目部设置应急指挥部并成立应急救援领导小组。总指挥由项目部负责人(项目经理)担任。

一、应急组织机构及职责

1. 项目部应急救援领导小组

项目部应急组织体系由应急救援领导小组及6个职能部门组成。应急救援领导小组包括以下6个小组：抢险救援组、警戒疏散组、后勤保障组、医疗救护组、物资保障组、通信联络组。应急救援领导小组下设应急救援办公室，应急救援办公室设在项目部安保科，安保科科长兼任办公室主任，负责日常工作开展。

2.组织机构图

应急救援组织机构图如图4-1所示。

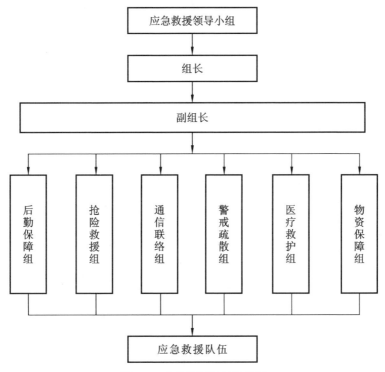

图4-1 应急救援组织机构图

3.应急救援领导小组的分工及职责

（1）组长职责。

确定启动和结束应急预案；按照程序，组织、协调、指挥安全事故应急救援工作和事故的上报；根据事故发生状态，统一部署应急预案的实施工作；随时掌握预案实施情况，并对预案实施过程中的问题采取应急处理措施；在项目辖区范围内紧急调用各类物资、设备、人员等力量；决定是否向外部请求支援。

（2）副组长职责。

协助组长组织和指挥应急救援工作；向组长提出切实可行的应急反应对策和建议；负责应急救援措施的落实和日常管理工作。

(3) 应急救援办公室职责。

协调各行动小组工作并向其提供工作支持，必要时向应急救援领导小组请示并联系外部救援队支援；及时了解各行动小组工作开展情况，并向应急救援领导小组汇报事故发展情况与最新进展；进行事故经济损失评估，并对应急预案进行及时总结；负责编制事故调查报告，并将事故调查报告向应急救援领导小组与外部政府部门汇报；定期检查各常设应急组织和部门的日常工作和应急反应准备状态；定期检查各项安全措施的落实情况。

(4) 抢险救援组职责。

迅速、及时、准确评估事故规模，根据应急救援领导小组组长统一安排，有效开展工作和组织人员；分析事故发展变化情况，采取有效控制措施；组织相关人员根据事故状况制定救援方案，最大限度减少人员伤亡及财产损失；根据应急救援的具体任务，适时、准确、有计划地向事故现场调集救援力量；在事故紧急状态结束之后，安排恢复受事故影响地区的正常秩序。

(5) 通信联络组职责。

在救援期间，保障各小组之间的通信联络，保障与兼职应急救援队伍及医疗、交通管制、抢险救灾等社会救援部门的联系畅通，必要时寻求帮助；协助组长组织和指挥应急救援工作；经总公司领导核准后，负责对社会发布有关信息。

(6) 警戒疏散组职责。

在启动应急响应后，立即对现场进行疏散、封闭，防止发生二次伤害；发生事故时，做好现场疏散引导工作，维持现场救援秩序；向应急救援领导小组汇报当前安全风险形势，并提出防止风险扩散的措施；负责事故相关信息的采集。保护事故现场；对现场的有关实物资料进行取样封存。

(7) 医疗救护组职责。

抢救现场伤员，以最快的速度对抢救出的伤员进行简单的包扎和救治，并联系物资保障组转移伤员。

(8) 物资保障组职责。

根据现场施工生产内容及特点，制定出用于事故救援的物资、设备、人力需求计划；保障应急救援物资的发放和足额储备；保障应急救援车辆，以最快的速度将救出的伤员护送到附近医院。

(9) 后勤保障组职责。

做好伤亡人员及家属的稳定工作，稳定伤亡人员及家属情绪，保证大灾之后不发生大乱；做好受伤人员医疗救护的跟踪工作，协调处理医疗救护单位的相关矛盾；与保险部门一起做好伤亡人员及财产损失的理赔工作；慰问有关伤员及家属。

4. 应急救援物资配备

项目经理部应急物资储备情况基本能够满足需要，存放于项目部内部及重点桥梁、路基工段处，基本为按需添置，并在保质期内，有专人负责看管；定期检查物资，如有需要及时向应急指挥部申请，以保证应急需要。

项目部应急物资管理规定如下。

（1）应急物资储备数量由项目部根据实际应急需要确定。

（2）物资保障组负责应急物资的保管。

（3）应急物资由专人负责管理、保养、维修和发放，应急物资严禁任何人擅自私用，仅发生突发事故方能使用，坚持"谁主管、谁负责"的原则。

（4）项目部制定应急物资的保管、养护、补充、更新、调用、归还、接收等制度，并严格执行，加强指导，强化督查，确保应急物资不变质、不变坏、不挪用。

（5）紧急调用时，相关单位和人员要积极响应，通力合作，密切配合，建立"快速通道"，确保运输畅通。

（6）已消耗的应急物资要在规定的时间内，按调出物资的规格、数量、质量提出申请。应急职能部门负责人审核后安排重新购置。

二、外部应急资源调查

1. 请求政府协调应急救援力量

当事故扩大化需要外部力量救援时，可以由当地政府相关部门发布支持命令，请求相关政府部门进行全力支持和救护。主要相关政府部门有公安部门、消防部门、应急管理部门、电信部门、医疗单位。

2. 外部救援力量职能

当事故扩大化需要外部力量救援时，项目部将立即上报政府部门，请求增援。

3. 外部救援程序

（1）由组长请求政府协调应急相关救援力量。

（2）由警戒疏散组请求治安警协助进行事故现场封锁等。

（3）由医疗救护组请求急救中心协助进行伤员急救工作。

（4）由抢险救援组请求生态环境监测站协助进行应急监测。

（5）由通信联络组请求专家提出处置建议。

三、应急资源调查结论

通过本次调查摸清了周边可依托的互助单位与政府配套的公共应急资源

及队伍,一旦有突发事件发生,如果能及时有效地利用好这些资源,对突发事件控制是非常有利的。项目经理部范围配备的应急资源和依托的社会应急资源能够满足项目应急需要。

四、应急资源完善措施

经应急资源调查后,项目经理部在施工期间应完善的内容包括:
(1)施工期内定期对应急物资进行检查,确保其安全可靠;
(2)按应急预案的要求对作业人员进行应急培训;
(3)加强与消防、医疗队伍等外部应急单位的沟通、协作。

第五节 应急演练

一、应急演练开展

项目部应根据应急演练计划,组织应急演练,填写演练记录,按照规定对演练进行总结和评估,根据评估结论和演练发现的问题,修订、完善应急预案,改进应急准备工作。

二、应急处置

发生事故后,项目部应根据预案要求,立即启动应急响应程序,按照有关规定报告事故情况,并开展先期处置;发出警报,在不危及人身安全时,现场人员采取阻断或隔离事故源、危险源等措施;严重危及人身安全时,迅速停止现场作业,现场人员采取必要的或可能的应急措施后撤离危险区域。

三、应急处置评估

险情或事故应急处置结束后,项目部应开展应急处置评估,编写事故应急救援报告。

四、项目负责人轮流带班

项目部应根据带班生产制度的规定,由安全管理部门每月制定项目负责人现场带班计划表,项目负责人应如实填写项目负责人施工现场带班检查记录表。

第六节 应急预案

一、综合应急预案

（一）总则

1. 适用范围

本预案适用于四川省交通建设集团有限责任公司都四山地轨道交通项目 DSZH 标项目经理部建设施工过程中发生的一级、二级、三级应急响应事故事件的应急处置工作。

2. 响应分级

依据国家相关规范，结合都四山地轨道交通项目 DSZH 标项目经理部实际情况，应急响应分为以下三级。

（1）一级应急响应：造成 1 人死亡，或者 3 人以上 10 人以下重伤，或者 100 万元以上 500 万元以下直接经济损失的事故。

（2）二级应急响应：造成 1 人以上 3 人以下重伤，或者 50 万元以上 100 万元以下直接经济损失的事故。

（3）三级应急响应：1 人以上轻伤，或者 50 万元以下直接经济损失的事故。

（二）应急组织机构及职责

四川省交通建设集团有限责任公司都四山地轨道交通项目 DSZH 标项目经理部隶属四川省交通建设集团有限责任公司。项目部设置应急指挥部并成立应急救援领导小组。总指挥由项目部负责人（项目经理）担任。

项目部应急组织体系如图 4-2 所示。

（三）应急响应

本预案依据事故事件的类别、危害程度的级别，项目部应急能力的评估结果，可能发生的事故现场情况分析结果，分为三级应急响应。

1. 一级应急响应

全体应急或社会应急，当项目部应急处理能力不足以应对突发事故时，应立即启动一级应急救援，争取社会力量支援。

2. 二级应急响应

现场应急，影响项目的事故不会超出 DSZH 标项目经理部管辖的边界，外

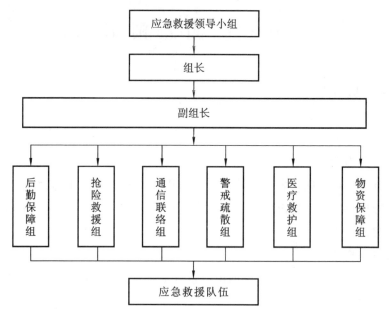

图 4-2　DSZH 标项目经理部应急组织体系图

部人群一般不会受事故的直接影响。

3. 三级应急响应

预警,是可控制的异常事件或容易被控制的事件,可向外部通报,但不需要援助。

1) 信息报告

(1) 信息接报。

安排 24 小时应急值守。

应急救援信号:主要使用电话报警,在疏散人员时可使用广播系统或手提扩音器。

事故信息接收和通报程序:第一发现人发现后,立即向现场管理人员报告,现场管理人员接到报警后,根据事故发生地点、种类、强度和事故可能的危害方向通知本单位应急救援领导小组有关人员。接警人员在掌握基本事故情况后,立即通知单位应急救援领导小组,报告事故情况,以及可能的应急响应级别。

逐级上报时间要求:立即上报;紧急情况下,员工可以越级上报。

对于发生需要扩大应急的事故时,应急救援领导小组获知事故信息后第一时间用电话或手机报告。

（2）信息传递。

对外传递事故信息需经应急救援领导小组审核同意后进行通报，避免未经证实的事故信息传播。

当确定事故有可能影响项目周边单位或造成周边人员伤亡时，由应急救援办公室以电话方式向邻近单位通报事故信息。

当事故事件需要依靠救援协作单位或社会救援力量时，由应急救援领导小组通过电话向应急管理局报告事故信息。

（3）信息上报。

① 根据应急的类型和严重程度，及时向四川省交通建设集团有限责任公司报告。

② 根据应急的类型和严重程度，单位应急救援领导小组必须按照法律、法规和标准的规定将事故有关情况在1小时内尽快以电话方式向县级以上人民政府应急管理、消防、公安、环保、医疗等相关部门报告，向可能受影响的周边公司和村庄通报。

报告和通报的信息内容如下：

a. 事故发生单位概况；

b. 事故发生的时间、地点及事故现场情况；

c. 事故的简要经过；

d. 事故已经造成或者可能造成的伤亡人数（包括下落不明的人数）和初步估计的直接经济损失；

e. 已经采取的措施；

f. 将要发生或已发生事故或泄漏的危险目标名称；

g. 通报人的姓名和电话号码；

h. 事故危险物质名称，该物质是否为极危险物质；

i. 事故时间或预期持续时间；

j. 实际事故损失，是否会产生 DSZH 标项目经理部外效应；

k. 气象条件，包括风向和预期 DSZH 标项目经理部外效应；

l. 其他应该报告的情况。

2）信息处置与研判

（1）应急救援办公室对事故进行判断和分析，需启动项目部综合预案时向组长报告，由组长启动本预案。

（2）若未达到响应启动条件，组长应安排抢险救援组到现场处置可能发生事故的险情，消除隐患，同时各功能组做好应急响应准备。

(3) 响应启动后, 跟踪事态发展, 科学分析处置需求, 及时调整响应级别。

4. 预警

1) 预警启动

(1) 一级预警条件。

① 政府部门及周边公司发布较严重预警信息时。

② 发现重大隐患, 不能整改或不能控制可能造成较大火灾、坍塌事故灾害、自然灾害或社会安全事件时。

③ 发现初起事故或事件不能控制且有蔓延趋势时。

(2) 二级预警条件。

① 发现重大安全隐患, 可能造成事故灾害、社会事件或路桥重大损坏时。

② 发生火灾, 能控制在一定范围内时。

③ 发现事故隐患并能有效控制时。

2) 三级预警

(1) 三级预警的条件。

① 发现一般事故隐患时。

② 发现有发生事故灾害、社会事件趋势时。

③ 发现隐患能及时排除时。

(2) 预警信息来源。

① 项目在全线重点关注区段处设置监控摄像装置, 并将现场图像引入 24 小时有人值守的控制室, 实时监控, 一旦出现异常, 随时处理、报警。

② 政府有关部门提供的预警信息, 如治安事件等突发公共事件等。

(3) 预警信息发布渠道和方式。

① 预警的发布方为第一发现者, 第一发现者应根据险情向部门领导进行汇报。部门领导接到预警电话后根据险情可向应急救援办公室反映或直接向应急救援领导小组组长进行汇报。

② 项目部接到电话后根据险情向抢险救援组组长汇报, 同时联系各抢险救援组做好应急准备工作。

③ 如已发生事故, 按事故报告流程向属地相关政府部门进行汇报。

④ 项目部 24 小时值班, 发现人员可及时拨打电话进行预警。

⑤ 使用随身携带的移动电话进行预警。

⑥ 通过互联网进行告知预警, 如可采用公司微信群、QQ 群等, 向有关人员进行预警。

(4) 预警信息发布内容。

预警信息发布内容应该包括可能发生事件的时间、地点以及可能会造成的事故后果。

(5)响应准备。

预警启动后,根据预警级别,在组长的领导下,立即做好以下工作。

① 应急救援办公室通知各应急小组做好应急准备。

② 抢险救援组赶赴现场做好抢险救援准备。

③ 后勤保障组做好相应物资、装备准备工作。

④ 通信联络组确保通信畅通。

(6)预警解除。

在确保险情消除后,由组长宣布预警解除。

5. 响应启动

值班人员立即向应急救援领导小组组长报告,组长根据事故灾难的可控性、严重程度、影响范围以及应急响应级别,发出启动应急预案的命令。

1)应急会议召开

确定响应级别后,召开相应级别的应急会议,布置抢险救援、资源协调、后勤保障等工作,落实到具体责任人。

2)应急资源协调

启动三级应急响应程序时,由现场应急救援领导小组在各自的职权范围内,对内部救援资源进行调配。需要调动其他部门资源时,可先调用,支援事故救援,等事态控制后第一时间告知相关部门。

启动二级应急响应程序时,由项目部应急救援领导小组组长及各小组组长在各自的职权范围内,最大限度地对项目部内部救援资源进行调配。

启动一级应急响应程序时,仅靠项目部的应急资源无法满足救援需求,应急救援领导小组组长在向上级政府主管部门报告事故情况时,应同时申请政府应急救援物资和力量,如当地消防大队、医院、应急部门、消防部门等,同时协调周边单位、机构等协助进行应急救援。

3)信息公开

事故信息发布应尊重事实、客观准确。事故发布由应急救援领导小组负责,事故信息对外发布前应先通报项目部各级领导。重大事故信息发布要与当地应急管理局和上级主管部门信息发布部门沟通一致。

(1)信息公开由项目部应急救援领导小组组长或指定发言人与政府相关部门沟通协调后发布。未经组长许可,任何个人不得擅自发布信息。

(2)信息公开遵守国家法律法规,基于实事求是、客观公正、内容翔实、及时准确的原则。

(3) 信息公开要贯穿预测预警、应急处置、善后恢复全过程。

(4) 事故事件公开信息应主题鲜明、言简意赅、用词规范、逻辑严密、条理清楚。

事故信息一般包括以下要素：事故发生的名称、时间、地点、概况；事故发生的简要经过、伤亡人数和直接经济损失的初步估计；事故发生原因的初步判断；事故的影响范围、发展趋势及采取的处置措施；事故报告单位等。

4) 后勤及财力保障

(1) 组织抢险物资和后勤生活物资的供应，组织车辆运送抢险物资。

(2) 组织车辆迅速地将应急救援领导小组人员接送到现场。

(3) 对受伤人员实施医疗救护，提供运送车辆，联系确定治疗医院，办理相关手续，确保医疗费用及时缴纳。

5) 响应程序流程图

事故应急救援体系响应程序见图4-3。

6) 应急处置

(1) 警戒疏散及人员搜救。

① 发生事故后，由警戒疏散组根据事故的情况划定警戒区，设立安全警示标志，设置警戒人员。警戒人员按已制定的安全疏散路线疏散区域无关的人员，同时禁止无关人员和车辆进入警戒区。

② 如事故超出控制范围，各抢险人员应立即撤离事故现场，并到达安全区域。

③ 所有人员到达指定安全地点后，立即对人员进行清点，并将清点情况报告给上级领导。如发现有人失踪，必须第一时间通知应急救援领导小组，说明失踪人员最后出现的地点及当时正在从事的工作等详细情形。

④ 对于失踪人员，应急救援领导小组安排抢险救援组在确保自身安全的条件下及时展开搜救。

⑤ 事故周边区域的单位、群众的疏散由政府协助进行，但项目部必须事先做好准备，包括向政府提出疏散建议。项目部管理人员积极与地方政府主管部门合作，保护公众免受紧急事故危害。

⑥ 现场人员应根据现场事故状况，穿戴相应的防护装备，确保应急救援人员自身的安全。

(2) 医疗救治。

① 救护组接到报警后，携带急救医疗器械、抢救工具及常用药品，立即赶往现场。

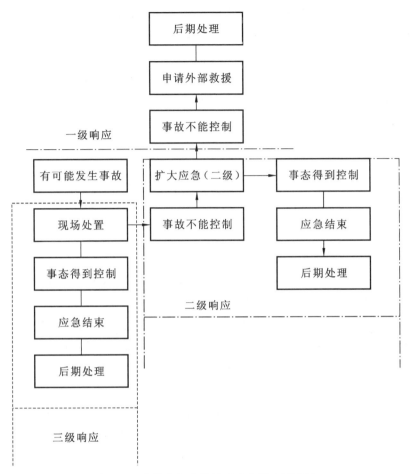

图4-3 事故应急救援体系响应程序示意图

② 事故中,发现有人员受伤,将受伤人员转移至安全地点,采取简单的救助措施。伤势较轻,利用运输工具将受伤人员送往附近医院救治;伤势较为严重,立即拨打120急救电话,请求医疗支援,并将情况汇报给应急救援领导小组。

③ 因抢救伤员、防止事故扩大以及疏通交通等原因需要移动现场物件时,必须做出标志、拍照、详细记录和绘制事故现场图,并妥善保存现场重要痕迹、物证等。

④ 应急救援人员应根据现场事故状况,穿戴相应的防护装备,确保自身的安全。

(3) 现场监测。

事故事件发生时,根据事故事件的严重性、紧急程度和可能波及的范围,分级启动事故事件应急监测工作。应急监测包括通过各类在线仪表或便携式仪表开展的监测;现场应急救援领导小组安排(委托)监测站开展人工应急取样监测;现场应急救援领导小组或项目部应急指挥中心委托具有相关监测资质的社会监测机构进行相应监测。

(4) 技术支持。

抢险救援组和警戒疏散组在现场给应急救援提供相关技术措施,避免灾情扩大,及时对应急预案和措施进行现场补充,标明事故重点部位,为外部救援机构提供有关信息和资料。

(5) 工程抢险及环境保护。

抢险救援组救出所有人员后,应及时进行工程抢险,防止环境事件的发生及扩大。

(6) 应急支援。

事故、事件发展较快,难以在短时间内得到控制,立即启动上一级应急响应程序。当事故大小或发展态势达到一级应急响应条件时,应急救援领导小组应立即启动一级应急响应程序,对事故进行初期处置、尽力控制事态发展,同时要扩大应急响应,由项目经理来下达扩大应急响应的内容,并迅速向县级以上应急管理局报告,请求启动政府应急预案,进行应急救援。应急管理局人员到达现场后,现场指挥交由应急管理局领导统一指挥。

(7) 响应终止。

当事故现场得以控制,人员得到救治,环境符合有关标准,导致次生、衍生事故隐患消除后,经应急救援领导小组批准,现场应急结束。应急结束后,应明确:

① 事故情况上报事项;

② 需向事故调查及善后处理人员移交的相关事项;

③ 事故应急救援工作总结报告内容。

6. 后期处置

事故应急结束后,应做好包括污染物处理、事故后果影响消除、生产秩序恢复、善后赔偿、抢险过程和应急救援能力评估及应急预案的修订等后期处置工作。

1) 污染物处理

所有事故应急过程中产生的污染物必须及时全面彻底清理和统一收集,并严格按有关法律法规要求进行分类处理。对于普通废物,可以归入生活施工垃圾由环卫部门回收处理;对于含有危险废物的污染物,必须统一收集后交由具有环保部门认可的相应废物接收处理资质的单位处理,转移危险废物必须按环保部门的规定办理危险废物转移手续。

2）社会秩序恢复

事故应急结束后,要配合应急管理、消防、公安等事故调查处理部门人员保护好事故现场,设置警戒线,划定事故现场范围,禁止一切无关人员进入现场。

项目部要积极配合事故调查处理部门查清事故原因、经过,制定和落实事故整改和防范措施,防范类似事故再次发生。

为减少事故带来的生产损失,事故应急结束后,在取得政府同意的情况下,要采取积极的措施尽快恢复生产。需要做好三方面的工作:一是稳定队伍员工思想;二是积极修复由事故造成损坏的设备设施、建构筑物和场所,尽快使设备设施满足生产条件;三是做好事故整改和防范措施,做好员工的安全教育,确保安全生产。

3）人员安置

应急结束后,有工作能力的员工待恢复生产后,继续上岗工作;对于受轻伤但不能参加工作的员工及时给予治疗,待身体恢复后再继续工作;对于因伤重不能再继续的员工,积极组织治疗并发放相应的赔偿。

4）善后赔偿

事故造成人员伤亡、环境污染、周边公司生产生活影响的,应积极主动与伤亡人员及其家属、受影响区域的人员进行沟通和协商,及时提供救助,在政府有关部门的协调下,依据国家有关规定进行赔偿。

5）应急保障

（1）通信与信息保障。

应急救援领导小组负责建立与政府有关部门或外部单位的通信联系方式,建立应急人员通信录,明确通信方式和联系人,应急组织体系成员联系方式发生变更时应及时更新;个人手机应保持 24 小时开机状态。

应急通信以电话联系为主,书面报告以传真或电子邮件形式传递时,需用电话确认对方接收情况。

（2）应急救援队伍保障。

应急救援领导小组每年年初根据力量评估与人员变化进行调整,确保应急救援队伍的力量。

项目部每年至少开展两次全面的应急救援知识、技能培训,增强应急救援队伍人员处置事故的能力。

专业技术人员对应急预案的演练、应急处置等工作进行指导,提高项目部应急管理水平。

（3）物资装备保障。

应急救援领导小组明确应急救援需要使用的应急物资和装备,熟知其类型、规格、型号、数量、性能、存放位置、管理责任人及其联系方式等,建立"应急物资装备清单"。

物资保障组负责应急物资装备的供给,应急物资装备包括通信装备、运输工具、照明装置、防护装备、消防设施及各种专用设备等。日常确保最低数量备品库存,以备使用。

应急救援领导小组总体负责应急物资存放并要求各单位加强日常检查和管理,按规定进行更新,不得随意挪用;在事故应急状态下,将所需应急物资或装备在规定时间内送到指定地点。

(4)其他保障。

应急救援领导小组对应急工作的日常费用做出预算,经财务部审核、组长审定后,列入年度预算,专款专用,保障应急处置支出需要。

掌握车辆类型、数量信息,确保在紧急情况下随时调用,确保抢险救灾物资和人员能够及时、安全送达。为保证能及时地救治各种受伤人员,在项目部存放的车辆可作应急调用。对现场及相关通道实行交通管制,必要时开设应急救援"绿色通道",保证应急救援通道畅通。

二、专项应急预案

(一)高处坠落事故专项应急预案

1. 适用范围

本预案适用于发生在四川省交通建设集团有限责任公司都四山地轨道交通项目DSZH标项目经理部范围内的高处坠落事故的应急处置工作。

2. 事故风险分析

在桥墩施工过程中,在进行脚手架搭设、钢筋绑扎、模板安装与拆除、路基施工等时,临边作业安全防护不到位,未系安全绳,或安全绳质量不符合规范,使用超过有效期的安全绳等,以及作业人员在没有安全防护设施或防护存在缺陷的情况下违章冒险作业。

3. 组织机构及职责

参照综合应急预案"应急机构组成及职责"。

4. 响应启动

1)应急会议召开

确定应急响应级别后,召开相应级别的应急会议,布置抢险救援、资源协调、后勤保障等工作,落实到具体责任人。

2）应急资源协调

启动三级应急响应程序时，由现场应急指挥在各自的职权范围内，对内部救援资源进行调配。需要调动其他部门资源时，可先调用，支援事故救援，等事态控制后第一时间告知相关部门。

启动二级应急响应程序时，由项目部应急救援领导小组组长及各小组组长在各自的职权范围内，最大限度地对DSZH标项目经理部内部救援资源进行调配。

启动一级应急响应程序时，仅靠DSZH标项目经理部的应急资源无法满足救援需求，应急救援领导小组组长在向上级政府主管部门报告事故情况时，应同时申请政府应急救援物资和力量，同时协调周边单位、机构等协助进行应急救援。

3）信息公开

事故信息发布应尊重事实、客观准确。事故信息发布由项目部应急救援领导小组负责，事故信息对外发布前应先通报公司各级领导。重大事故信息发布要与当地应急管理局和上级主管部门信息发布部门沟通一致。

事故信息一般包括以下要素：事故发生的名称、时间、地点、概况；事故发生的简要经过、伤亡人数和直接经济损失的初步估计；事故发生原因的初步判断；事故的影响范围、发展趋势及采取的处置措施；事故报告单位等。

4）后勤及财力保障

（1）组织抢险物资和后勤生活物资的供应，组织车辆运送抢险物资。

（2）组织车辆迅速地将应急救援领导小组人员接送到现场。

（3）对受伤人员实施医疗救护，提供运送车辆，联系确定治疗医院，办理相关手续，确保医疗费用及时缴纳。

5. 处置措施

1）常用物资装备

（1）抢险工具：铁锹、撬棍、锤子、电工工具、气割工具等。

（2）抢险用具：安全带、安全绳、梯子、应急灯、对讲机等。

（3）医疗器械：消毒用品、急救物品（创可贴、绷带、无菌敷料）、各种小夹板、担架、止血带、氧气袋等。

2）备用物资

120急救车、挖掘机、装载机、运输车、汽车起重机、发电机等。

3）应急措施

高处坠落主要为作业人员从高处意外坠落的情形。高处坠落事故轻则造成皮肤组织损伤或手脚软组织挫伤等;在较为严重的情况下,人体通常多个系统或多个器官受到损伤;最严重的情形是当事人当场死亡。抢救时按伤者受伤的情况进行抢救,防止由抢救产生的二次伤害,应遵循以下原则。

(1)邀请属地医院的专家对项目上的管理人员进行常规抢救方式的培训,比如心肺复苏法、止血包扎法、骨折固定法等,同时留存视频资料。

(2)坠落事故可能引起出血,出血量达到总血量的40%就有生命危险,因此现场急救时首先应采取紧急止血措施,然后采取其他措施。常用的止血方法有指压止血、加压包扎止血、加垫屈肢止血和止血带止血。

(3)包扎可以起到快速止血、保护伤口、防止污染的作用,有利于转送和进一步治疗。常用方法有绷带包扎、三角巾包扎。

(4)为了使断骨不再加重,避免加重断骨对周围组织的伤害,减轻伤员的痛苦并便于搬运,常用夹板的方法来固定。搬运时应注意以下事项。

① 下肢骨折需用担架。

② 脊柱骨折,用门板或硬板担架,使伤者面向上。由3~4人分别用手托起高处坠落者头、胸、骨盆、腿部,动作一致地将高处坠落者平放在担架上,用布带将高处坠落者绑在担架上,以防高处坠落者移动。

(5)高处坠落者如呼吸短促或微弱,胸部无明显呼吸起伏,应立即给其做口对口人工呼吸,频率为每分钟10~12次;如脉搏微弱,应立即对其进行人工心脏按压,在心脏部位不断按压、松开,频率为每分钟100~120次,帮助高处坠落者恢复心脏跳动。

(6)如高处坠落者掉落在不易救援的地方,要采取可靠的防护措施之后再接近进行救援,避免救援者或高处坠落者的二次坠落等事故。

6. 应急保障

参照综合应急预案"应急保障"。

(二)物体打击事故专项应急预案

1. 适用范围

本预案适用于发生在四川省交通建设集团有限责任公司都四山地轨道交通项目DSZH标项目经理部范围内的物体打击事故的应急处置工作。

2. 事故风险分析

桥梁、涵洞、路基施工中均可能发生物体打击事故,造成人员伤亡。桥梁、涵洞、路基施工主要存在以下危险因素。

(1)高处作业时,工具、物料从高处坠落伤人。

（2）起重吊装、拆装、拆模时,物料掉落伤人。

3. 组织机构及职责

参照综合应急预案"应急机构组成及职责"。

4. 响应启动

1）应急会议召开

确定应急响应级别后,召开相应级别的应急会议,布置抢险救援、资源协调、后勤保障等工作,落实到具体责任人。

2）应急资源协调

启动三级应急响应程序时,由现场应急指挥在各自的职权范围内,对内部救援资源进行调配。需要调动其他部门资源时,可先调用,支援事故救援,等事态控制后第一时间告知相关部门。

启动二级应急响应程序时,由项目部应急救援领导小组组长及各小组组长在各自的职权范围内,最大限度地对DSZH标项目经理部内部救援资源进行调配。

启动一级应急响应程序时,仅靠DSZH标项目经理部的应急资源无法满足救援需求,应急救援领导小组组长在向上级政府主管部门报告事故情况时,应同时申请政府应急救援物资和力量,如当地消防大队、医院、应急部门、环境部门等,同时协调周边单位、机构等协助进行应急救援。

3）信息公开

事故信息发布应尊重事实、客观准确。事故信息发布由项目部应急救援领导小组负责,事故信息对外发布前应先通报公司各级领导。重大事故信息发布要与当地应急管理局和上级主管部门信息发布部门沟通一致。

事故信息一般包括以下要素:事故发生的名称、时间、地点、概况;事故发生的简要经过、伤亡人数和直接经济损失的初步估计;事故发生原因的初步判断;事故的影响范围、发展趋势及采取的处置措施;事故报告单位等。

4）后勤及财力保障

（1）组织抢险物资和后勤生活物资的供应,组织车辆运送抢险物资。

（2）组织运送车辆迅速地将应急救援领导小组人员接送到现场。

（3）对受伤人员实施医疗救护,提供运送车辆,联系确定治疗医院,办理相关手续,确保医疗费用及时缴纳。

5. 处置措施

1）处置程序

当事故发生达到应急预案启动条件时,事故现场人员以最快的速度报告项目部应急救援领导小组,立即启动应急预案。当项目部应急救援能力不能满足时,立即向项目部和兄弟单位发出请求支援信息;当事态进一步恶化时,寻求地方消防、医疗、交通管制、抢险救灾等社会救援部门的帮助。

2) 处置措施

(1) 第一目击者在确认周边环境安全的情况下,应立即将伤员脱离危险地区,转移到安全地方。

(2) 立即向项目部应急救援领导小组报告,组织救援。

(3) 应急救援领导小组接到报告后应在第一时间赶到事故现场,了解和掌握事故现场情况,开展抢救和维护现场秩序,保护事故现场。

(4) 立即拨打120电话与当地急救中心取得联系,医院在附近可直接送往医院,应详细说明事故地点、严重程度、伤亡人数、本人电话,并派人到路口接应车辆。

(5) 保持伤员呼吸道畅通,若发现伤员呼吸停止或者呼吸心跳均停止,应及时解除呼吸道阻塞或呼吸功能障碍。

(6) 解开伤员衣服,清除伤员口、鼻、咽喉部的异物、血块、分泌物、呕吐物等。

(7) 伤员有骨折、关节伤、肢体积压伤、大块软组织伤,要采取固定措施。

6. 应急保障

参照综合应急预案"应急保障"。

三、基坑、模板坍塌倒塌事故专项应急预案

(一) 适用范围

本预案适用于发生在四川省交通建设集团有限责任公司都四山地轨道交通项目DSZH标项目经理部范围内的基坑、模板坍塌倒塌事故的应急处置工作。

(二) 事故风险分析

(1) 路基边坡、桥梁、涵洞基坑开挖时,不按设计坡度开挖、设置平台,未及时进行边坡或基坑支护,或设备距基坑边坡安全距离不足等,均有可能引起基坑或边坡坍塌倒塌事故,掩埋作业人员和机械设备。

(2) 特别是深基坑、高边坡施工,边坡不稳定性因素较多,作业人员和设备较集中,一旦发生坍塌倒塌事故,将造成多人掩埋的较大生产安全事故。

(3) 桥墩施工时,脚手架未严格执行方案,未认真履行验收程序,作业人员

违规堆放钢筋、模板或未关模时一次性绑扎钢筋高度超过自身稳定临近值,将有可能造成脚手架坍塌事故。

(4)模板安装过程中未严格落实安全技术措施,未及时拉设缆风绳,或缆风绳直径、质量不满足方案要求,遇阵风或起吊设备撞击时模板失稳倒塌。

(三)组织机构及职责

参照综合应急预案"应急机构组成及职责"。

(四)响应启动

1. 应急会议召开

确定应急响应级别后,召开相应级别的应急会议,布置抢险救援、资源协调、后勤保障等工作,落实到具体责任人。

2. 应急资源协调

启动三级应急响应程序时,由现场应急指挥在各自的职权范围内,对内部救援资源进行调配。需要调动其他部门资源时,可先调用,支援事故救援,等事态控制后第一时间告知相关部门。

启动二级应急响应程序时,由项目部应急救援领导小组组长及各小组组长在各自的职权范围内,最大限度地对DSZH标项目经理部内部救援资源进行调配。

启动一级应急响应程序时,仅靠DSZH标项目经理部的应急资源无法满足救援需求,应急救援领导小组组长在向上级政府主管部门报告事故情况时,应同时申请政府应急救援物资和力量,如当地消防大队、医院、应急部门、环境部门等,同时协调周边单位、机构等协助进行应急救援。

3. 信息公开

事故信息发布应尊重事实、客观准确。事故信息发布由项目部应急救援领导小组负责,事故信息对外发布前应先通报公司各级领导。重大事故信息发布要与当地应急管理局和上级主管部门信息发布部门沟通一致。

事故信息一般包括以下要素:事故发生的名称、时间、地点、概况;事故发生的简要经过、伤亡人数和直接经济损失的初步估计;事故发生原因的初步判断;事故的影响范围、发展趋势及采取的处置措施;事故报告单位等。

4. 后勤及财力保障

(1)组织抢险物资和后勤生活物资的供应,组织车辆运送抢险物资。

(2)组织运送车辆迅速地将应急救援领导小组人员接送到现场。

(3)对受伤人员实施医疗救护,提供运送车辆,联系确定治疗医院,办理相关手续,确保医疗费用及时缴纳。

5. 处置措施

1) 处置程序

出现事故险情或事故发生后,现场人员立即报告施工队管理人员和项目部应急救援领导小组,同时在确保安全的前提下,采取有效措施抢救伤员,防止事故扩大,设置安全警戒线,保护现场。

鉴于基坑坍塌、模板支撑架坍塌事故所造成的伤害主要是机械性窒息引起呼吸功能衰竭和颅脑损伤导致中枢神经系统功能衰竭,应急救援人员必须熟练掌握止血包扎、骨折固定、伤员搬运及心肺复苏等急救知识与技术等。

2) 处置措施

(1) 事故发生后应立即报告项目部。

(2) 挖掘被掩埋伤员,使伤员及时脱离危险区。

(3) 清除伤员口、鼻内泥块、凝血块、呕吐物等,将昏迷伤员的舌头拉出,以防窒息。

(4) 进行简易包扎、止血或简易骨折固定。

(5) 对呼吸、心跳停止的伤员采取心脏复苏措施。

(6) 立即与属地医院取得联系,详细说明事故地点、严重程度,并派人到路口接应。

(7) 组织人员尽快解除重物压迫,减少伤员挤压综合征的发生,并将其转移至安全地方。

(8) 有骨折时,应及时用夹板等简易固定后立即送医院。

6. 应急保障

参照综合应急预案"应急保障"。

四、机械伤害事故专项应急预案

(一) 适用范围

本预案适用于发生在四川省交通建设集团有限责任公司都四山地轨道交通项目DSZH标项目经理部范围内的机械伤害事故的应急处置工作。

(二) 事故风险分析

1. 机械伤害事故的定义

机械伤害事故是指机械设备运动(静止)部件、工具、加工件直接与人体接触引起的夹击、碰撞、剪切、卷入、绞、碾、割、刺等形式的伤害。

2. 机械伤害事故的类型

各种传动机械的外露传动部分(如齿轮、轴、履带等)和往复运动部分都有可能对人体造成机械伤害。

3. 机械伤害的危害程度

机械伤害可能导致：人员受伤、致残、死亡；设备损坏、报废；财产损失等。

4. 发生机械伤害事故的潜在原因

1) 人的不安全行为

（1）操作失误。操作失误可能表现在两个方面：一是操作人员不熟悉机械的操作规程或操作不熟练；二是操作人员精神不集中或疲劳。

（2）违反操作规程。违反操作规程主要表现为：对安全操作规范不以为然或因长时间操作没有发生事故，为了图省事不按操作规程要求办事，结果酿成伤亡事故。

（3）违反劳动纪律。违反劳动纪律主要表现为：因为操作人员想抢时间、想早完成任务早下班，明知违反了操作规程，却怀侥幸心理违章操作，因一念之差铸成大错。

（4）穿着不规范。穿着不规范主要表现为：不按规定穿戴工作服和帽，或衣衫不整，或鞋带没系，结果常因衣角、袖口、头发、鞋带被机器绞住而发生事故。

（5）违章作业。企业领导干部违章指挥也是导致机械伤害事故发生的原因之一。违章作业主要表现为：企业领导干部自己不熟悉操作规程，却命令别人违反操作规程操作，或同意让未经安全教育或技术培训的工人顶岗，这样就容易发生事故。

（6）安全操作规程不健全。操作人员在操作时无章可循或规程不健全，以致安全工作不能落实。

2) 物的不安全状态

机械的不安全状态，如机器的安全防护设施不完善，通风、防毒、防尘、照明、防振、防噪声以及气象条件等安全卫生设施缺乏等均能诱发机械伤害事故。

（三）组织机构及职责

参照综合应急预案"应急机构组成及职责"。

（四）响应启动

1. 应急会议召开

确定应急响应级别后，召开相应级别的应急会议，布置抢险救援、资源协调、后勤保障等工作，落实到具体责任人。

2. 应急资源协调

启动三级应急响应程序时,由现场应急指挥在各自的职权范围内,对内部救援资源进行调配。需要调动其他部门资源时,可先调用,支援事故救援,等事态控制后第一时间告知相关部门。

启动二级应急响应程序时,由项目部应急救援领导小组组长及各小组组长在各自的职权范围内,最大限度地对 DSZH 标项目经理部内部救援资源进行调配。

启动一级应急响应程序时,仅靠 DSZH 标项目经理部的应急资源无法满足救援需求,应急救援领导小组组长在向上级政府主管部门报告事故情况时,应同时申请政府应急救援物资和力量,如当地消防大队、医院、应急部门、环境部门等,同时协调周边单位、机构等协助进行应急救援。

3. 信息公开

事故信息发布应尊重事实、客观准确。事故信息发布由项目部应急救援领导小组负责,事故信息对外发布前应先通报公司各级领导。重大事故信息发布要与当地应急管理局和上级主管部门信息发布部门沟通一致。

事故信息一般包括以下要素:事故发生的名称、时间、地点、概况;事故发生的简要经过、伤亡人数和直接经济损失的初步估计;事故发生原因的初步判断;事故的影响范围、发展趋势及采取的处置措施;事故报告单位等。

4. 后勤及财力保障

(1) 组织抢险物资和后勤生活物资的供应,组织车辆运送抢险物资。

(2) 组织运送车辆迅速地将应急救援领导小组人员接送到现场。

(3) 对受伤人员实施医疗救护,提供运送车辆,联系确定治疗医院,办理相关手续,确保医疗费用及时缴纳。

(五) 处置措施

(1) 发现受伤人员后,必须立即停止机械的运转,向周围人呼救,同时报告现场负责人。

(2) 现场负责人接到报告后应立即到现场查看情况并通知应急救援领导小组和医务部门,若受伤人员伤势较重,应立即拨打 120 急救电话,报警时应说明事故发生的时间和区域场所、人员伤亡情况、受伤人员的受伤部位和受伤情况、事故范围程度、现场其他情况、报警人的姓名和电话,以便让救护人员和应急处置人员做好急救的准备。

(3) 现场应急处置小组在接到报警后,应立即组织应急抢救,最大限度地减少人员伤害和财产损失。如遇事态严重,难以控制和处理,应立即请求社会专业资源(119)提供支持和救援。

(4)项目部医护人员到达现场后应立即对伤者进行救治,对创伤出血者迅速包扎止血,并送往医院救治。

(5)发生断手、断指等严重情况时,对受伤人员伤口要进行包扎止血、止痛和半握拳状的功能固定。对断手、断指应用消毒或清洁敷料包好,忌将断手、断指浸入酒精等消毒液中,以防细胞变质。将包好的断手、断指放在无泄漏的塑料袋内并扎紧袋口,在袋周围放置冰块,速随受伤人员送医院。

(6)如果肢体仍被卡在设备内,不可用倒转设备的方法取出肢体,妥善的方法是拆除设备部件,无法拆除时拨打当地119电话求援。

(7)发生头皮撕裂伤可采取以下急救措施:采取止痛及其他对症措施,用生理盐水冲洗有伤部位,涂红汞后用消毒大纱布块、消毒棉花紧紧包扎,压迫止血;使用抗生素注射破伤风血清,预防伤口感染,送医院进一步进行治疗。

(8)受伤人员出现肢体骨折时,应尽量保持受伤的体位,由现场医务人员对伤体进行固定,并在其指导下采用正确的方式进行抬运,防止因救助方法不当导致伤情进一步加重。

(9)受伤人员出现呼吸、心跳停止症状后,必须立即进行心脏按压和人工呼吸,直至120救援人员到达。

(六)应急保障

参照综合应急预案"应急保障"。

五、起重机械伤害事故专项应急预案

(一)适用范围

本预案适用于发生在四川省交通建设集团有限责任公司都四山地轨道交通项目DSZH标项目经理部范围内的起重机械伤害事故的应急处置工作。

(二)事故风险分析

1.发生起重机械伤害事故的潜在原因分析

(1)起重机械操作人员无证上岗。

(2)在塔吊作业范围内施工,且无防护设施。

(3)塔吊无专业指挥人员。

(4)塔吊作业时,吊物捆扎不牢,机砖等零碎材料吊装无定型工具。

(5)起重机械限位失灵,钢丝绳达到报废标准。

(6)起重机械无应急断电开关。

(7) 对起重机械传动机构未进行防护或防护不严。

(8) 无交接点检记录，控制箱无锁。

(9) 吊车支腿基础不牢、不平。

(10) 违反"十个不准吊"。

2. 发生起重机械伤害事故的后果

起重机械伤害可造成划伤、骨折、截肢等伤害事故，甚至死亡。

（三）组织机构及职责

参照综合应急预案"应急机构组成及职责"。

（四）响应启动

1. 应急会议召开

确定应急响应级别后，召开相应级别的应急会议，布置抢险救援、资源协调、后勤保障等工作，落实到具体责任人。

2. 应急资源协调

启动三级应急响应程序时，由现场应急指挥在各自的职权范围内，对内部救援资源进行调配。需要调动其他部门资源时，可先调用，支援事故救援，等事态控制后第一时间告知相关部门。

启动二级应急响应程序时，由项目部应急救援领导小组组长及各小组组长在各自的职权范围内，最大限度地对DSZH标项目经理部内部救援资源进行调配。

启动一级应急响应程序时，仅靠DSZH标项目经理部的应急资源无法满足救援需求，应急救援领导小组组长在向上级政府主管部门报告事故情况时，应同时申请政府应急救援物资和力量，如当地消防大队、医院、应急部门、环境部门等，同时协调周边单位、机构等协助进行应急救援。

3. 信息公开

事故信息发布应尊重事实、客观准确。事故信息发布由项目部应急救援领导小组负责，事故信息对外发布前应先通报公司各级领导。重大事故信息发布要与当地应急管理局和上级主管部门信息发布部门沟通一致。

事故信息一般包括以下要素：事故发生的名称、时间、地点、概况；事故发生的简要经过、伤亡人数和直接经济损失的初步估计；事故发生原因的初步判断；事故的影响范围、发展趋势及采取的处置措施；事故报告单位等。

4. 后勤及财力保障

(1) 组织抢险物资和后勤生活物资的供应，组织车辆运送抢险物资。

(2) 组织车辆迅速地将应急救援领导小组人员接送到现场。

(3) 对受伤人员实施医疗救护，提供运送车辆，联系确定治疗医院，办理相关手续，确保医疗费用及时缴纳。

（五）处置措施

1. 应急措施

(1) 抢救方案。根据现场实际发生事故或险情的情况，最大可能迅速调集有针对性的人员、车辆迅速开展抢救活动，警戒疏散组负责疏散人群，维持现场秩序，对于一般的单一性的危险源，只要设置隔离带和安全警示标志或留人看守，待隐患排除即可。

(2) 伤员抢救。立即与属地医院联系，请求出动急救车辆，同时在医院车辆、人员未到场前，施工现场积极开展伤员的救治工作。对于轻微受伤、四肢活动正常的伤员，可以现场观察后视情况而定。

(3) 事故现场保护、取证工作要同时进行，以防止证据遗失，以便于事故处理。

(4) 自我保护。在救援行动中，对重大危险源要设专人看护，设置隔离带。救护车辆、救援人员应严格执行操作规程，配齐安全设施和防护工具，信息畅通，行动积极配合，加强自我保护，确保抢救过程中的人身安全和财产安全。

2. 起重机械伤害人员的一般抢救方法

(1) 急救方法一般根据受伤情况而定，如果伤者只有轻微的体外创伤且不需要缝合，可用生理盐水进行清洗，用酒精进行消炎，敷上消炎药，进行包扎即可。如果伤者的体外创伤伤口大，需要缝合，在救护车到来之前，可进行伤口的清洗，吃止血药或打止血针止血。如果伤者的血管破裂，可用止血钳、绷带扎紧来临时进行止血处理，防止伤者因失血造成休克甚至死亡。

(2) 如果伤者四肢某一处或几处骨折，现场可用夹板对骨折处先行固定，防止伤者在移动中加重伤情，等待救护车来进行处理。

(3) 如果伤者出现肢体无知觉现象，需要考虑颈脊椎骨折的可能。对于这种伤者，不能来回移动，要使其平躺在木板上，并进行有效的固定。伤者还可适当吃一些止血药，防止有内出血的现象，等待救护车到医院抢救。

(4) 伤者处于昏迷状态，经测量血压有下降状态，考虑为内出血。对于这种伤者：一是要打止血针；二是在每 5 分钟测量血压，并做好记录；三是不能移动，等待救护车的到来。

（5）如果伤者被倒塌的设备压在下面，经判断现场工具无法移开，则在最短的时间内调来吊车、气割设备等进行抢救。

（6）如果伤者被伤害截肢，除上述抢救方法外，还要将截掉的肢体部分与伤者同时送往医院。

（六）应急保障

参照综合应急预案"应急保障"。

六、倾覆事故专项应急预案

（一）适用范围

本预案适用于发生在四川省交通建设集团有限责任公司都四山地轨道交通项目DSZH标项目经理部范围内的倾覆事故的应急处置工作。

（二）事故风险分析

桥梁施工塔式起重机、架桥机、龙门吊等设备，未履行安装验收程序，未定期开展设备安全检查、维修保养，以及在作业过程中违反操作规程，造成设备倾覆事故，造成较大人员伤亡事故。

（三）组织机构及职责

参照综合应急预案"应急机构组成及职责"。

（四）响应启动

1. 应急会议召开

确定应急响应级别后，召开相应级别的应急会议，布置抢险救援、资源协调、后勤保障等工作，落实到具体责任人。

2. 应急资源协调

启动三级应急响应程序时，由现场应急指挥在各自的职权范围内，对内部救援资源进行调配。需要调动其他部门资源时，可先调用，支援事故救援，等事态控制后第一时间告知相关部门。

启动二级应急响应程序时，由项目部应急救援领导小组组长及各小组组长在各自的职权范围内，最大限度地对DSZH标项目经理部内部救援资源进行调配。

启动一级应急响应程序时，仅靠DSZH标项目经理部的应急资源无法满足救援需求，应急救援领导小组组长在向上级政府主管部门报告事故情况时，应同时申请政府应急救援物资和力量,如当地消防大队、医院、应急部门、环境部门等,同时协调周边单位、机构等协助进行应急救援。

3. 信息公开

事故信息发布应尊重事实、客观准确。事故信息发布由项目部应急救援领导小组负责,事故信息对外发布前应先通报公司各级领导。重大事故信息发布要与当地应急管理局和上级主管部门信息发布部门沟通一致。

事故信息一般包括以下要素:事故发生的名称、时间、地点、概况;事故发生的简要经过、伤亡人数和直接经济损失的初步估计;事故发生原因的初步判断;事故的影响范围、发展趋势及采取的处置措施;事故报告单位等。

4. 后勤及财力保障

(1) 组织抢险物资和后勤生活物资的供应,组织车辆运送抢险物资。

(2) 组织车辆迅速地将应急救援领导小组人员接送到现场。

(3) 对受伤人员实施医疗救护,提供运送车辆,联系确定治疗医院,办理相关手续,确保医疗费用及时缴纳。

(五) 处置措施

(1) 如果有倾覆事故发生,第一发现者应当立即在现场高呼,提醒现场其他有关人员迅速离开,防止多米诺骨牌连环事故发生,并立即通知现场负责人,现场负责人在了解事故现场基本情况后,立即向项目部报告。

(2) 如果有施工人员在倾覆事故中伤亡,由安全员负责拨打属地医院急救电话,到现场救护。

(3) 抢险救援组组长应立即赶到事故现场全面组织协调抢救工作,分管安全的副经理带领有关人员分别对事故现场进行抢救,值勤人员在国道口或便道口迎接救护车辆及人员。

(4) 值班人员负责对现场进行清理、抬运物品,及时抢救被砸人员或被压人员,最大限度地降低重伤程度,如有轻伤人员可采取简易现场救护工作,如包扎、止血等措施,以免造成重大伤亡事故。

(5) 保证现场道路畅通,方便抢险救援队员和救护车辆出入,以最快的速度抢救伤员,将伤亡事故降到最低。

(六) 应急保障

参照综合应急预案"应急保障"。

七、压力容器爆炸事故专项应急预案

（一）适用范围

本预案适用于发生在四川省交通建设集团有限责任公司都四山地轨道交通项目DSZH标项目经理部范围内的压力容器爆炸事故的应急处置工作。

（二）事故风险分析

（1）氧气瓶、乙炔气瓶爆炸：钢板、钢材氧焊切割时，氧气瓶与乙炔气瓶放置的距离太近；输气管路老化；切割安全装置损坏、失效；作业人员操作不当，可能引起氧气瓶、乙炔气瓶爆炸。

（2）空压机、储气罐、高压风管爆炸：空压机、储气罐设备老化，安全阀、压力表失灵可能引起空压机、储气罐、高压风管爆炸。

（3）储油罐（容器）爆炸：施工现场储存柴油用的储油罐（容器）因夏季温度高、接近火源或人员违规行为等，可能引起爆炸。

（4）液化气罐爆炸：驻地食堂液化气罐接近火源或人为原因等引起爆炸。

（三）组织机构及职责

参照综合应急预案"应急机构组成及职责"。

（四）响应启动

1. 应急会议召开

确定应急响应级别后，召开相应级别的应急会议，布置抢险救援、资源协调、后勤保障等工作，落实到具体责任人。

2. 应急资源协调

启动三级应急响应程序时，由现场应急指挥在各自的职权范围内，对内部救援资源进行调配。需要调动其他部门资源时，可先调用，支援事故救援，等事态控制后第一时间告知相关部门。

启动二级应急响应程序时，由项目部应急救援领导小组组长及各小组组长在各自的职权范围内，最大限度地对DSZH标项目经理部内部救援资源进行调配。

启动一级应急响应程序时，仅靠DSZH标项目经理部的应急资源无法满足救援需求，应急救援领导小组组长在向上级政府主管部门报告事故情况时，应同时申请政府应急救援物资和力量，如当地消防大队、医院、应急部门、环境部门等，同时协调周边单位、机构等协助进行应急救援。

3. 信息公开

事故信息发布应尊重事实、客观准确。事故信息发布由项目部应急救援领导小组负责,事故信息对外发布前应先通报公司各级领导。重大事故信息发布要与当地应急管理局和上级主管部门信息发布部门沟通一致。

事故信息一般包括以下要素:事故发生的名称、时间、地点、概况;事故发生的简要经过、伤亡人数和直接经济损失的初步估计;事故发生原因的初步判断;事故的影响范围、发展趋势及采取的处置措施;事故报告单位等。

4. 后勤及财力保障

(1)组织抢险物资和后勤生活物资的供应,组织车辆运送抢险物资。

(2)组织运送车辆迅速地将应急救援领导小组人员接送到现场。

(3)对受伤人员实施医疗救护,提供运送车辆,联系确定治疗医院,办理相关手续,确保医疗费用及时缴纳。

(五)处置措施

1. 处置程序

(1)当发生险情时,现场负责人立即组织危险区域施工人员撤离,并迅速报告项目部应急救援领导小组,应急救援领导小组应迅速评估险情,判断是否启动应急预案,同时上报项目部应急救援机构,确定应急响应等级并上报地方政府应急机构。

(2)采用电话、喊话或其他方式来疏散人员。

(3)项目部应急救援领导小组应及时与地方政府、应急救援队伍、公安部门、消防部门、医院等相关部门取得联系,确保24小时联络畅通,联络方式采用电话、传真等。

(4)项目部应急救援领导小组通过上述联络方式向有关部门报警,报警的内容主要是:压力容器爆炸发生的时间、地点、造成的损失(包括人员受灾情况、人员伤亡数量及造成的直接经济损失),已采取的处置措施和需要救助的内容。

2. 应急处置措施

1)处置原则

(1)迅速行动、灵活应对。处理事故险情时,由应急救援领导小组启动并实施本预案。

(2)以人为本。险情处理应首先保证人身安全,包括救护人员和遇险人员的人身安全。

(3)强化防护。迅速疏散无关人员,防止次生事故发生。

2）处置措施

压力容器在运行中出现下列情况时,应立即停止运行。

(1) 容器的操作压力或壁温超过操作规程规定的极限值,而且采取措施仍无法控制,并有继续恶化的趋势。

(2) 容器的承压部件出现裂纹、鼓包变形、焊缝或可拆连接处泄漏等危及容器安全的迹象。

(3) 安全装置全部失效、连接管件断裂、紧固件损坏等,难以保证安全操作。

(4) 操作岗位发生火灾,威胁到容器的安全操作。

3）容器发生事故后的应急措施

(1) 迅速做出判断,应将此信息报告安环科,或者直接向消防队和救护中心报警。

(2) 压力容器及其设备一旦发生爆炸事故,必须设法躲避爆炸物,在可能的情况下尽快将人撤离现场。爆炸停止后立即查看是否有伤亡人员,并进行救助。

(3) 爆炸发生时,现场主管在其认为安全的情况下必须及时切断电源和管道阀门;所有人员应听从临时召集人的安排,有组织地迅速撤离爆炸现场。

(4) 临时负责人负责安排抢救工作和人员安置工作。

(六) 应急保障

参照综合应急预案"应急保障"。

八、道路交通事故专项应急预案

(一) 适用范围

本预案适用于发生在四川省交通建设集团有限责任公司都四山地轨道交通项目DSZH标项目经理部范围内的道路交通事故的应急处置工作。

(二) 事故风险分析

(1) 施工便道线路长、坡度大、弯道急、路面质量较差,工程运输车辆载重较大,存在运输车辆发生侧翻、溜车等交通事故,造成道路交通事故。

(2) 管理不到位,驾驶人员酒后驾车、疲劳驾车、不文明行车,非专职司机违规驾车,车辆带"病"出车,违反规定货运车载人等,造成道路交通事故。

(三) 组织机构及职责

参照综合应急预案"应急机构组成及职责"。

（四）响应启动

1. 应急会议召开

确定应急响应级别后，召开相应级别的应急会议，布置抢险救援、资源协调、后勤保障等工作，落实到具体责任人。

2. 应急资源协调

启动三级应急响应程序时，由现场应急指挥在各自的职权范围内，对内部救援资源进行调配。需要调动其他部门资源时，可先调用，支援事故救援，等事态控制后第一时间告知相关部门。

启动二级应急响应程序时，由项目部应急救援领导小组组长及各小组组长在各自的职权范围内，最大限度地对DSZH标项目经理部内部救援资源进行调配。

启动一级应急响应程序时，仅靠DSZH标项目经理部的应急资源无法满足救援需求，应急救援领导小组组长在向上级政府主管部门报告事故情况时，应同时申请政府应急救援物资和力量，如当地消防大队、医院、应急部门、环境部门等，同时协调周边单位、机构等协助进行应急救援。

3. 信息公开

事故信息发布应尊重事实、客观准确。事故信息发布由项目部应急救援领导小组负责，事故信息对外发布前应先通报公司各级领导。重大事故信息发布要与当地应急管理局和上级主管部门信息发布部门沟通一致。

事故信息一般包括以下要素：事故发生的名称、时间、地点、概况；事故发生的简要经过、伤亡人数和直接经济损失的初步估计；事故发生原因的初步判断；事故的影响范围、发展趋势及采取的处置措施；事故报告单位等。

4. 后勤及财力保障

（1）组织抢险物资和后勤生活物资的供应，组织车辆运送抢险物资。

（2）组织运送车辆迅速地将应急救援领导小组人员接送到现场。

（3）对受伤人员实施医疗救护，提供运送车辆，联系确定治疗医院，办理相关手续，确保医疗费用及时缴纳。

（五）处置措施

（1）当施工车辆和人员发生交通事故时，发现者或当事人应立即报告项目应急救援值班人员，报告时应讲清楚事故发生的时间、地点、性质、受伤人数、危害程度等事故基本情况。同时应督促或帮助驾驶员拉起手刹，开危险信号灯，在车前、车后设置锥形交通标志，夜间应打开示宽灯、尾灯，以防止造成车辆追尾等二次伤害。

（2）值班人员在接到事故报告时，应详细记录事故发生的时间、地点、性质、受伤人数、危害程度等事故基本情况及报警人姓名。值班负责人根据事故的严重程度决定是否启动外部报警机制。

（3）应急救援领导小组组长和各成员到达事故现场后，首先必须迅速全面地了解现场情况，听取先期到达现场的有关人员的汇报，对事故发生的性质、现场范围、现场中心、现场是否发生变动和破坏，以及有无必要对现场采取警戒、封闭或其他紧急措施等做出初步的判断和决策。

（4）若人员未遭受伤害和车辆损坏不严重，双方愿意协商解决，应立即组织将机动车辆开到路边或施工场地内，协调事故双方尽快解决问题，防止造成交通堵塞。

（六）应急保障

参照综合应急预案"应急保障"。

九、地质灾害事故专项应急预案

（一）适用范围

本预案适用于发生在四川省交通建设集团有限责任公司都四山地轨道交通项目DSZH标项目经理部范围内的地质灾害事故的应急处置工作。

（二）事故风险分析

1. 地质灾害事故的类型

本预案所称地质灾害，包括由自然因素或者人为活动引发的危害人民生命和财产安全的山体崩塌、滑坡、泥石流、地面塌陷等与地质作用有关的灾害。

2. 危险程度分析

（1）山体崩塌。降雨、河流、洪水、地震等自然因素，以及开挖坡脚、爆破等人为因素，都有可能诱发山体崩塌。山体崩塌会损害农田、厂房、水利设施和其他建筑物，导致人员伤亡。铁路沿线的山体崩塌，会造成交通堵塞、车辆损毁、行车事故。

（2）滑坡。滑坡一般由降雨、河流冲刷、地震等自然因素引起，受自然地质运动和人类活动的双重影响，会对城镇建设、交通运输、工矿企业、农田村庄、工程建设等造成重大破坏。

（3）泥石流。泥石流是指在山区沟谷中，由暴雨、库塘溃坝等水源激发形成的一种挟带大量泥砂、石块等固体物质的特殊洪流。由于具有突发性、凶猛性、冲击范围大、破坏力度强等特点,泥石流常给人们的生命和财产安全带来严重的威胁。

(4)地面塌陷。地面塌陷是指地表岩、土体在自然或人为因素作用下向下陷落,并在地面形成塌陷坑(洞)的一种动力地质现象。地面塌陷的主要危害是破坏房屋和铁路、公路等工程设施,造成房屋倒塌、道路中断等,严重危害了人们生命和财产安全。

(三)组织机构及职责

参照综合应急预案"应急机构组成及职责"。

(四)响应启动

1. 应急会议召开

确定应急响应级别后,召开相应级别的应急会议,布置抢险救援、资源协调、后勤保障等工作,落实到具体责任人。

2. 应急资源协调

启动三级应急响应程序时,由现场应急指挥在各自的职权范围内,对内部救援资源进行调配。需要调动其他部门资源时,可先调用,支援事故救援,等事态控制后第一时间告知相关部门。

启动二级应急响应程序时,由项目部应急救援领导小组组长及各小组组长在各自的职权范围内,最大限度地对DSZH标项目经理部内部救援资源进行调配。

启动一级应急响应程序时,仅靠DSZH标项目经理部的应急资源无法满足救援需求,应急救援领导小组组长在向上级政府主管部门报告事故情况时,应同时申请政府应急救援物资和力量,如当地消防大队、医院、应急部门、环境部门等,同时协调周边单位、机构等协助进行应急救援。

3. 信息公开

事故信息发布应尊重事实、客观准确。事故信息发布由项目部应急救援领导小组负责,事故信息对外发布前应先通报公司各级领导。重大事故信息发布要与当地应急管理局和上级主管部门信息发布部门沟通一致。

事故信息一般包括以下要素:事故发生的名称、时间、地点、概况;事故发生的简要经过、伤亡人数和直接经济损失的初步估计;事故发生原因的初步判断;事故的影响范围、发展趋势及采取的处置措施;事故报告单位等。

4. 后勤及财力保障

(1)组织抢险物资和后勤生活物资的供应,组织车辆运送抢险物资。

(2) 组织运送车辆迅速地将应急救援领导小组人员接送到现场。

(3) 对受伤人员实施医疗救护,提供运送车辆,联系确定治疗医院,办理相关手续,确保医疗费用及时缴纳。

(五) 处置措施

(1) 合理选择工程生活办公营地。项目部生活办公营地应当选择在地形平坦开阔,水、电、路易通入的区域;选择在历史上未发生过滑坡、山体崩塌、泥石流、地面塌陷及地面沉降等地质灾害的地区。项目部生活办公营地应远离冲沟沟口、弃渣场、废石场以及尾矿库(矿区),避开不稳定斜坡和高陡边坡,且不宜紧邻河(海、库)岸边、地下采空区诱发的地表移动范围。

(2) 细化防范工作组织措施,在对施工现场及周边地区地质灾害进行风险辨识的基础上,优化施工组织设计中大型施工机具、材料加工站(拌合楼)、材料堆放场、临时施工道路布置等方案,有针对性地完善施工安全技术措施,防范地质灾害造成人身伤亡及设备损毁。项目部应当严格按照设计方案和施工组织设计进行施工,不得随意更改设计和擅自扩大施工范围,严防施工诱发地质灾害。

(3) 结合地方政府发布的地质灾害防治规划和生产实际,定期组织专业人员开展地质灾害风险辨识,全面排查山体崩塌、滑坡、泥石流、塌陷等地质灾害隐患,同时做好抗滑桩、护坡、挡渣墙、截排水系统等防护设施的安全隐患排查,确保其正常发挥作用。

(4) 发现重大地质灾害隐患或地质灾害监测数据发生突变,以及附近地区发生地震等重大自然灾害后,项目部应当聘请专业评估机构进行全面的地质灾害风险分析,并提出风险分析评估报告,明确防范治理方案。

(5) 对短期内难以治理的重大地质灾害隐患,应当采取加强监测预警、制定专项应急预案或者搬迁避让等措施,确保人身和设备安全。对不在防范工作责任范围内且对建设项目构成威胁的地质灾害隐患,应当及时向地方政府报告隐患情况,并配合地方政府开展治理工作。

(6) 按照国家有关规定,做好建设项目及周边地区环境保护和水土保持工作,实现地质灾害的综合防治。

(7) 推广采用科学合理、先进适用的施工方案,同时做好施工区域的植被恢复工作,降低甚至避免建设项目造成地表环境变化带来的地质灾害风险。

(8) 建立健全监测预警机制。加强与地方政府国土、气象、水利等部门的联系沟通,明确地质灾害监测预警工作程序,落实责任部门和人员,畅通监测预警渠道,及时接收、传递地方政府有关部门发布的监测预警信息,并按照要求上传有关监测信息。针对施工队伍及其人员流动性大的特点，及时掌握施工人员变动情况，将预警信息及时传递到相关人员。

（9）对于已经发现的地质灾害隐患点，应当按照国家地质灾害防治监测规定，合理布设地质灾害监测点，安排专业单位或专业人员定期进行监测，并及时汇总、分析、上报监测信息。依据建设项目所在地地质灾害监测经验，采取先进监测手段与"拉线法、木桩法、刷漆法、贴纸法、旧裂缝填土陷落目测法"等传统方法相结合的方式，针对地表破坏、冲沟发育、山体蠕变、地面沉降等情况开展日常监测工作，分析、研判地质灾害隐患发展趋势。

（10）在充分分析本地区诱发地质灾害气象条件的基础上，重点强化汛期、强降雨期间以及其他恶劣天气发生期间的监测预警工作，增加监测频次，及时发现新的地质灾害隐患点，划定危险区域，设置安全警示标志；同时安排专人值守，加强巡视检查，重点加强生产区、施工区、生活办公区及周边的监测预警，观测降雨强度和雨量，监测地面土体开裂、坡体蠕动、树干倾斜、山洪暴涨、惊响异常等灾害前兆，及时发现和排除险情。

（11）定期组织全体人员重点强化地质灾害防范和临灾避险技能培训，加强应急救援队伍建设，强化地质灾害应对专业技能培训，重点在生命搜救、装备使用、专业协同等方面组织开展培训工作，确保地质灾害发生后及时投入抢险救援，最大限度地减少人身伤亡和经济损失。

（六）应急保障

参照综合应急预案"应急保障"。

十、触电事故专项应急预案

（一）适用范围

本预案适用于发生在四川省交通建设集团有限责任公司都四山地轨道交通项目 DSZH 标项目经理部范围内的触电事故的应急处置工作。

（二）事故风险分析

（1）非电工私接电源，造成触电。

（2）电气设备金属外壳未接地，造成触电；带电作业。

（3）未使用专用工具，未配齐安全防护用品。

（4）电气火灾未使用正确方法扑救。

（三）组织机构及职责

参照综合应急预案"应急机构组成及职责"。

(四)响应启动

1. 应急会议召开

确定应急响应级别后,召开相应级别的应急会议,布置抢险救援、资源协调、后勤保障等工作,落实到具体责任人。

2. 应急资源协调

启动三级应急响应程序时,由现场应急指挥在各自的职权范围内,对内部救援资源进行调配。需要调动其他部门资源时,可先调用,支援事故救援,等事态控制后第一时间告知相关部门。

启动二级应急响应程序时,由项目部应急救援领导小组组长及各小组组长在各自的职权范围内,最大限度地对DSZH标项目经理部内部救援资源进行调配。

启动一级应急响应程序时,仅靠DSZH标项目经理部的应急资源无法满足救援需求,应急救援领导小组组长在向上级政府主管部门报告事故情况时,应同时申请政府应急救援物资和力量,如当地消防大队、医院、应急部门、环境部门等,同时协调周边单位、机构等协助进行应急救援。

3. 信息公开

事故信息发布应尊重事实、客观准确。事故信息发布由项目部应急救援领导小组负责,事故信息对外发布前应先通报公司各级领导。重大事故信息发布要与当地应急管理局和上级主管部门信息发布部门沟通一致。

事故信息一般包括以下要素:事故发生的名称、时间、地点、概况;事故发生的简要经过、伤亡人数和直接经济损失的初步估计;事故发生原因的初步判断;事故的影响范围、发展趋势及采取的处置措施;事故报告单位等。

4. 后勤及财力保障

(1)组织抢险物资和后勤生活物资的供应,组织车辆运送抢险物资。

(2)组织运送车辆迅速地将应急救援领导小组人员接送到现场。

(3)对受伤人员实施医疗救护,提供运送车辆,联系确定治疗医院,办理相关手续,确保医疗费用及时缴纳。

(五)处置措施

(1)当工地发生触电及电气伤害等事故时,最先发现情况的人员应立即大声喊叫和用通信设施呼叫,呼叫内容要明确地点或部位发生的情况,并将信息准确传出。

(2)听到呼叫的任何人,均有责任将信息上报给最近的现场值班领导、现场技术员、安全员，现场值班领导、现场技术员、安全员或班组长应立即组织人员迅速撤离危险区域，撤离危险场所（一般撤离至安全地段）后，立即清点现场施工人员数量，同时立即将人员伤亡及现场情况以电话方式通知应急救援领导小组组长和调度中心组。

（3）触电、电气伤害事故自救。

① 脱离电源对症抢救。

a. 当发生人身触电事故时，首先使触电者脱离电源，然后迅速急救，关键是"快"。

b. 若电源开关或电源插座就在出事地点附近，应立即将闸刀开关拉开，将插头拔掉，以切断电源。若开关离出事地点太远，可以用绝缘物将电源线挑开；若触电者因抽筋而紧握电线，可用绝缘物插垫入其身下，以切断触电电源；对高压设备上的触电者，应立即通知相应的管理部门迅速停电。

c. 切断电源后，人体肌肉不再受电流刺激，立即放松，触电者将自行摔倒，因而要采取防止摔伤的措施。夜间抢救时，还应考虑照明问题。

② 对症抢救。

a. 将触电者脱离电源后，迅速将其移至干燥通风场所，使其仰卧，并将上衣和裤带放松，排除妨碍呼吸的因素，然后，迅速鉴定触电者是否有心跳、呼吸。可用耳朵贴近触电者胸部听是否有心跳，或者用手摸颈动脉或腹沟处的股动脉，看有无搏动；用薄纸放在触电者鼻孔处，检查是否还有呼吸，若心跳、呼吸尚存，但心悸恶心、四肢发麻、全身无力，应将触电者抬到空气新鲜、通风良好的地方，让他慢慢恢复，但要严密观察，若出现呼吸与心跳不规则，应迅速抢救。

b. 触电者呼吸停止，但心跳未停止，应迅速采用胸外心脏按压法。具体做法是做一次口对口呼吸后，再做四次胸外心脏按压。

c. 触电者呼吸尚存，但心跳停止，应迅速采用胸外心脏按压法进行抢救。

d. 若触电者呼吸、心跳都已停止，需同时进行口对口人工呼吸和胸外心脏按压。具体做法是做一次口对口呼吸后，再做四次胸外心脏按压。人工呼吸是在触电者停止呼吸后应用的急救方法。

e. 实行人工呼吸前，应迅速将触电者身上妨碍呼吸的衣领、上衣等解开，取出触电者口腔内妨碍呼吸的食物、脱落的断齿、血块、黏液等，以免堵塞呼吸道，同时使触电者仰卧，并使其头部充分后仰（可用一只手拖住触电者颈后），使其鼻孔朝上以利于呼吸道畅通。

f. 救护人员用手使触电者鼻孔紧闭，深吸一口气后紧贴触电者的口向内吹气，时长约 2 秒钟。吹气大小要根据不同的触电者有所区别，每次呼气要使触电者胸部微微鼓起为宜。

g. 吹气后,立即离开触电者的口,并放松触电者的鼻子,使空气呼出,时长约3秒钟。然后重复吹气动作。吹气要均匀,每分钟吹气、呼气约12次。触电者已开始恢复自由呼吸后,还应仔细观察触电者的呼吸是否会再度停止。如果再度停止,应再继续进行人工呼吸,这时人工呼吸要与触电者微弱的自呼吸规律一致。

h. 如无法使触电者把口张开,可改用口对鼻人工呼吸法,即捏紧嘴巴紧贴鼻孔吹气。

i. 胸外心脏按压法是触电者心脏停止跳动后应用的急救方法:做胸外按压时使触电者仰卧在比较坚实的地方,姿势与口对口人工呼吸法相同,救护人员跪在触电者一侧或跪在触电者腰部两侧,两手相叠,手掌根部放在心窝上方、胸骨下三分之一至二分之一处,掌根用力向下(脊背的方向)挤压,压出触电者心脏里面的血液。成人应挤压3~5厘米,每分钟挤压100~120次为宜。挤压后掌根迅速全部放松,让触电者胸廓自动恢复,使血液充满心脏。

j. 一旦触电者的呼吸和心脏跳动都停止了,应当同时进行口对口人工呼吸和胸外心脏按压。如果现场只有一人实施抢救,两种方法交替进行。可以挤压4次后,吹气1次。

k. 在抢救过程中,若触电者的症状有所好转,可稍停片刻,严密观察触电者能否自己恢复,倘若不能,应继续抢救。在未见明显死亡症状前,不能放弃抢救,死亡症状仅能由医生来判断。

(六)应急保障

参照综合应急预案"应急保障"。

十一、火灾事故专项应急预案

(一)适用范围

本预案适用于发生在四川省交通建设集团有限责任公司都四山地轨道交通项目 DSZH 标项目经理部范围内的火灾事故的应急处置工作。

(二)事故风险分析

(1)生活区违规使用大功率电器,宿舍内抽倒床烟、违规使用明火,违规存放易燃物品,板房防火等级不满足一级防火要求,造成火灾事故,导致人员伤亡。

(2)林区、野外等违规携带火种,引发山林大火。

（3）桥梁施工中未严格执行动火审批，未落实动火作业安全制度，引发木板、安全网等燃烧事故。

（三）组织机构及职责

参照综合应急预案"应急机构组成及职责"。

（四）响应启动

1. 应急会议召开

确定应急响应级别后，召开相应级别的应急会议，布置抢险救援、资源协调、后勤保障等工作，落实到具体责任人。

2. 应急资源协调

启动三级应急响应程序时，由现场应急指挥在各自的职权范围内，对内部救援资源进行调配。需要调动其他部门资源时，可先调用，支援事故救援，等事态控制后第一时间告知相关部门。

启动二级应急响应程序时，由项目部应急救援领导小组组长及各小组组长在各自的职权范围内，最大限度地对DSZH标项目经理部内部救援资源进行调配。

启动一级应急响应程序时，仅靠DSZH标项目经理部的应急资源无法满足救援需求，应急救援领导小组组长在向上级政府主管部门报告事故情况时，应同时申请政府应急救援物资和力量，如当地消防大队、医院、应急部门、环境部门等，同时协调周边单位、机构等协助进行应急救援。

3. 信息公开

事故信息发布应尊重事实、客观准确。事故信息发布由项目部应急救援领导小组负责，事故信息对外发布前应先通报公司各级领导。重大事故信息发布要与当地应急管理局和上级主管部门信息发布部门沟通一致。

事故信息一般包括以下要素：事故发生的名称、时间、地点、概况；事故发生的简要经过、伤亡人数和直接经济损失的初步估计；事故发生原因的初步判断；事故的影响范围、发展趋势及采取的处置措施；事故报告单位等。

4. 后勤及财力保障

（1）组织抢险物资和后勤生活物资的供应，组织车辆运送抢险物资。

（2）组织运送车辆迅速地将应急救援领导小组人员接送到现场。

（3）对受伤人员实施医疗救护，提供运送车辆，联系确定治疗医院，办理相关手续，确保医疗费用及时缴纳。

（五）处置措施

1. 具体处置措施

（1）要关闭电源，迅速拨打119报警。身处大火之中要十分镇静，切忌慌张，并观察火源、风向、远离井口、临边，切勿从高处跳下。

（2）组织扑救火灾。当施工现场或员工宿舍发生火灾后，除及时报警外，指挥小组要立即组织义务消防队员和员工进行扑救，扑救火灾时遵循"先控制后灭火；救人重于救火；先重点后一般"的灭火战术原则，并派人及时切断电源，接通消防水泵电源，组织抢救伤亡人员，隔离火灾危险源和重要物资，充分利用施工现场中的消防设施器材进行灭火。

（3）要冷静地观察起火点、风势、火势，用湿衣袖捂住口鼻，沿着墙壁、楼梯，猫腰迅速逆着大火和烟雾蔓延的方向，沿捷径外逃。在室内欲开门外逃前，先要摸一下门把，若已被大火烧烫，说明通道已着火，千万不能开门，否则火势将会扑面而来，无法出走。这时要另觅其他出口，如果没有其他出口可走，则靠近窗口逆风处，倚窗呼救，同时关闭液化气瓶，将液化气瓶置于卫生间水龙头下，打开水龙头。

（4）若被烟雾困在房间里，则用湿毛巾、湿床单堵塞门隙，以防火苗、烟雾侵入，并把水桶、水盆放满水，以便救急，千万不能轻易跳楼。

（5）协助消防队灭火。在自救的基础上，当专业消防队到达火灾现场后，火灾事故应急指挥小组要简要地向消防队负责人说明火灾情况，并全力支持消防队员灭火，要听从消防队员的指挥，齐心协力，共同灭火。

（6）伤员身上燃烧的衣物一时难以脱下时，可让伤员躺在地上滚动，或洒水扑灭火焰。为防止有人被困、发生窒息伤害，由安环科准备呼吸防护器，发放给义务消防队员，用于抢救被困人员。被火烧伤人员救出后应采取简单的救护方法急救，同时联系属地医院急救车抢救。

（7）保护现场。火灾发生时和扑灭完毕后，工作小组要派人保护好现场，维护好现场秩序，等待对事故原因及责任人的调查。同时，工作小组应立即开展善后工作，及时清理，将火灾造成的垃圾分类进行处理并采取其他有效措施，从而将火灾事故对环境造成的污染降低到最低限度。

（8）现场救治方法。

① 火灾发生时要沉着冷静，要根据火势灾情选择最佳的自救方案，做到遇险有智、临阵有方。当刚刚起火、火势很小时，应以最快的速度用灭火工具（如灭火器等）将火扑灭或减轻火势。当火势较大时，按照平时熟悉的安全通道迅速脱离现场，烟雾较大时应用湿毛巾或上衣捂住口鼻，减少一氧化碳的吸入。

② 火势凶猛、发现有人员烧伤后,首先,使伤员迅速脱离现场,并去除烧伤源。例如,衣服被烧着,应尽快脱去着火的衣服,来不及时,应就地慢慢滚动,或用衣服、毯子等覆盖着火处隔离氧源,或用水浇灭,或跳入附近水池中。严禁奔跑呼叫或用双手扑打火焰,以免引起头部、呼吸道和双手烧伤。其次,检查伤者除烧伤外,有无其他伤害,如有窒息、骨折或大出血情况,应首先做紧急处理。最后,清除残余衣物鞋袜时,应用剪刀剪破衣服,绝不能用拉扯剥脱等错误方法。

③ 用干净的被单将伤员包裹好,尽量减少碰撞,更不要挑破水泡,及时将伤员送往医院救治。

2. 注意事项

(1) 首先发现起火的人,应立即呼救报警,迅速关闭电源,在场员工均应立即协助灭火。突发性火灾发生时,应立即按突发性事件上报程序上报班组长并同时报项目部应急救援领导小组下属应急救援办公室,同时拨打119报警。

(2) 发现火灾应迅速将着火物附近的可燃、易燃物移开,并用现场的灭火器材灭火。

(3) 火势较大时,立即通知项目部应急救援领导小组,启动应急预案,结合实际,迅速制定灭火方案,组织义务消防队进行灭火;有人员伤亡时,拨打急救中心电话120,要求急救。如火势一时不能扑灭,应急救援领导小组应一面组织指挥疏散人员,一面指挥灭火和抢救物品,同时拨打报警电话119向当地消防部门报警,并派人到交通路口引导消防车辆进入现场灭火。

(4) 火警发生时,电话总机应优先接通火警电话。

(5) 灭火时应特别注意下列事项。

① 油类或电线失火,应用砂或棉被等物扑灭,切勿用水扑救。

② 衣服着火后,立即脱离险境,但不能带火奔跑,这样不但不利于灭火,反而会加重呼吸道烧伤。立即在地上打滚,较易扑灭。

③ 先救人后救物。抢救物品时应抢救账册、凭证及重要文件或贵重物品。

④ 在火烟中抢救,应用湿毛巾捂住口鼻。

⑤ 若火焰封住了路口或通道,应利用绳索或电线等物品从窗口逃生。

⑥ 当大火凶猛、无法扑灭且火势仍在蔓延时,应一方面立即组织人员延缓火势的蔓延,另一方面组织人员在大火蔓延的前方设置隔离区(清除可燃性物质、向隔离区所有结构喷水或在隔离区内设置如砂、土等不可燃材料)。

⑦ 当大火内有人员时,应立即组织人员对其进行抢救,抢救人员在消防人员到场前可用水将全身淋湿,用湿布将嘴和鼻包住后冲进大火内抢救人员。抢

救人员感到头晕或身体不适时,应立即停止抢救工作,并撤离出大火区域进行休息。

(6)当被困人员被抢救出火海还有意识时,应立即将其带离大火区域使其休息,将身体不适者立即送往医院;当被救人员发生昏迷时,应立即用湿毛巾对其进行擦拭,同时送往医院;当被救人员休克时,应立即对其进行人工呼吸、压迫胸腔等抢救工作,同时送往医院。

(7)当根本无法阻止大火蔓延时,应立即组织人员撤离现场。

(8)在灭火过程中,当有消防人员进场后,工区所有人员均必须配合消防人员进行灭火,服从消防人员的指挥。

(六)应急保障

参照综合应急预案"应急保障"。

十二、防汛事故专项应急预案

(一)适用范围

本预案适用于发生在四川省交通建设集团有限责任公司都四山地轨道交通项目DSZH标项目经理部范围内的防汛事故的应急处置工作。

(二)事故风险分析

1. 风险类别

汶川县境内夏季下暴雨、发洪水的概率较高,一旦遭遇极端恶劣天气或连续暴雨,容易导致短时间内聚水量过大,会对施工场地造成水淹事故。

2. 危害程度分析

发生防汛事故,易造成人身伤害和财产损失,如边仰坡失稳发生坍塌,地质灾害段滑坡体发生滑坍,承重基础因雨浸泡而发生沉陷,河水暴涨淹没机械设备、人员落水,临时工棚屋顶变形或倒塌等。

(三)组织机构及职责

参照综合应急预案"应急机构组成及职责"。

(四)响应启动

1. 应急会议召开

确定应急响应级别后,召开相应级别的应急会议,布置抢险救援、资源协调、后勤保障等工作,落实到具体责任人。

2. 应急资源协调

启动三级应急响应程序时,由现场应急指挥在各自的职权范围内,对内部救援资源进行调配。需要调动其他部门资源时,可先调用,支援事故救援,等事态控制后第一时间告知相关部门。

启动二级应急响应程序时,由项目部应急救援领导小组组长及各小组组长在各自的职权范围内,最大限度地对DSZH标项目经理部内部救援资源进行调配。

启动一级应急响应程序时,仅靠DSZH标项目经理部的应急资源无法满足救援需求,应急救援领导小组组长在向上级政府主管部门报告事故情况时,应同时申请政府应急救援物资和力量,如当地消防大队、医院、应急部门、环境部门等,同时协调周边单位、机构等协助进行应急救援。

3. 信息公开

事故信息发布应尊重事实、客观准确。事故信息发布由项目部应急救援领导小组负责,事故信息对外发布前应先通报公司各级领导。重大事故信息发布要与当地应急管理局和上级主管部门信息发布部门沟通一致。

事故信息一般包括以下要素:事故发生的名称、时间、地点、概况;事故发生的简要经过、伤亡人数和直接经济损失的初步估计;事故发生原因的初步判断;事故的影响范围、发展趋势及采取的处置措施;事故报告单位等。

4. 后勤及财力保障

(1) 组织抢险物资和后勤生活物资的供应,组织车辆运送抢险物资。

(2) 组织运送车辆迅速地将应急救援领导小组人员接送到现场。

(3) 对受伤人员实施医疗救护,提供运送车辆,联系确定治疗医院,办理相关手续,确保医疗费用及时缴纳。

(五) 处置措施

1) 各施工点防洪防汛应急措施

(1) 路基工程:路堤填筑应及时碾压,边坡及时修整拍压密实,防止路堤开裂坍方;路堑施工应按设计边坡坡度开挖;弃土场应堆放稳定,适时做好边坡的防护,防止水土流失污染农田和河流;提前做好排水系统,并保持排水畅通,避免给当地群众的生产、生活带来困难或损失。

(2) 桥梁工程:做好桥梁基础施工的围护和基坑的有效加围,防止因突发性洪水冲坍围护和基坑,造成不必要的损失。

(3) 生活区和生产区:做好生活区和生产区排水系统,将洪水引离生活区和生产区范围,保证生活区和生产区水沟畅通。

(4) 雨季到来前对所有的施工生产车间、材料库房、生活区进行检查,并对施工生产车间、材料库房、生活区进行加固处理,排除险情。

2) 重点防护部位和工点

重点防护部位和工点包括洞口、施工便道、施工场地、住址及生活区周围的山坡、河沟、砂石料场、配电房、发电房、空压机房、油库、炸药库、拌合站、输电及通信线路和设备、避雷设施、桥梁基础、路基、施工场地、便桥。

3) 应急保障措施

(1) 在制定工程施工方案时,项目部已充分考虑防洪度汛工作,将防洪度汛反映到施工方案中,并做到切实可行,具有针对性、指导性,以预防为主。

(2) 将不宜在雨季施工的工程提早或延后安排,对必须在雨季施工的工程制定有效的措施。注意天气预报,做好防汛准备。遇到大雨、大雾和 6 级以上大风恶劣天气,立即停止露天高处、起重吊装等作业。

(3) 做好施工现场的排水。

(4) 在防洪期间,随时注意天气预报,做好各类信息的传递工作,做到"早预报、早准备、早落实",从而争取防汛主动权。

(5) 一旦出现险情或危急情况,防洪领导小组要反应迅速,及时查看险情并做相应的处理。

(6) 接到洪水预报时,项目部应立即组织人员对重要部位进行防护,疏通现场水道。施工现场临时悬挂的设备、堆放的材料、大型施工机具等要采取加固措施。

(7) 洪水出现时,一切生产工作立即停止。

(8) 防洪领导小组迅速到位,指挥抢险工作,并及时向上级有关部门汇报。

(9) 抢险救援组立即集合到位,在防洪领导小组指挥下实施抢险工作。

(10) 洪水发生时,抢险救援组要保护好电力设备,确保不影响水泵电源,及时组织排水作业。

(11) 切实做好汛前及汛期的安全大检查。在汛期来临前和防洪期间,由防洪领导小组组长牵头,对所有施工现场进行彻底的检查,对发现有安全隐患之处,要制定详细的整改方案,限定整改日期,采取切实可行的有效措施立即解决。

(12) 认真做好防洪值班工作,落实值班人员,切实执行防洪值班制度。项目部高度重视防洪值班工作,明确值班人员,为防洪值班创造条件。

（13）洪水过后立即查看现场，采取有效补救措施，及时总结经验。洪水过后，应及时组织人员对现场进行查看，发现有隐患之处，立即采取措施补救，以免险情再次发生。事后应立即对本次的防洪工作进行总结，查漏补缺，完善应急预案，为下次防洪提供可靠的经验，将损失降低到最低程度。

4）洪水事故应急措施

（1）接到洪水预报时，项目部立即组织人员对重要部位进行防护，疏通现场下水道。办公室门窗要关好，施工现场临时悬挂的设备、堆放的材料、大型施工机具等要采取加固措施。

（2）洪水出现时，一切生产工作立即停止。

（3）防洪领导小组迅速到位，指挥抢险工作，并及时向上级有关部门汇报。

（4）抢险救援组立即集合到位，在防洪领导小组指挥下实施抢险工作。

（5）洪水发生时，抢险救援组要保护好电力设备，确保不影响水泵电源，及时组织排水作业。

（6）大风发生时，应由防洪领导小组决定停止非抢险用供电，避免刮断线路触电。

（7）遇有人员伤亡时，要立即拨打"120"急救中心电话与医院联系或拨打"110""119"请求救助，详细说明事故地点、受伤程度及联系电话，并派人到路口接应。

（8）洪水、大风过后，要及早总结，对损失情况进行汇总并报上级主管单位。

5）险情水毁报告

险情水毁报告应包括以下内容。

（1）发生险情水毁的时间、地点。

（2）发生险情水毁的简要经过、伤亡人数、水毁情况、直接经济损失的初步估计。

（3）险情水毁的导致原因、性质和初步判断。

（4）险情水毁抢修情况和采取的措施。

（5）需要有关部门和单位协助险情水毁抢修和处理的有关事宜。

（6）险情水毁报告单位、签发人和报告时间。

（六）应急保障

参照综合应急预案"应急保障"。

十三、雷击事故专项应急预案

(一) 适用范围

本预案适用于发生在四川省交通建设集团有限责任公司都四山地轨道交通项目 DSZH 标项目经理部范围内的雷击事故的应急处置工作。

(二) 事故风险分析

(1) 项目部、施工队生活区避雷系统设计不满足规范、接地电阻不达标等均有可能造成雷击事故，导致发生火灾、供电系统和用电设备损坏、塔机司机和附近作业人员雷击伤亡等。

(2) 塔式起重机、架桥机、拌合站、拌合楼等接地电阻不满足规范，造成供电系统损坏、人员伤亡。

(三) 组织机构及职责

参照综合应急预案"应急机构组成及职责"。

(四) 响应启动

1. 应急会议召开

确定应急响应级别后，召开相应级别的应急会议，布置抢险救援、资源协调、后勤保障等工作，落实到具体责任人。

2. 应急资源协调

启动三级应急响应程序时，由现场应急指挥在各自的职权范围内，对内部救援资源进行调配。需要调动其他部门资源时，可先调用，支援事故救援，等事态控制后第一时间告知相关部门。

启动二级应急响应程序时，由项目部应急救援领导小组组长及各小组组长在各自的职权范围内，最大限度地对 DSZH 标项目经理部内部救援资源进行调配。

启动一级应急响应程序时，仅靠 DSZH 标项目经理部的应急资源无法满足救援需求，应急救援领导小组组长在向上级政府主管部门报告事故情况时，应同时申请政府应急救援物资和力量，如当地消防大队、医院、应急部门、环境部门等，同时协调周边单位、机构等协助进行应急救援。

3. 信息公开

事故信息发布应尊重事实、客观准确。事故信息发布由项目部应急救援领导小组负责，事故信息对外发布前应先通报公司各级领导。重大事故信息发布要与当地应急管理局和上级主管部门信息发布部门沟通一致。

事故信息一般包括以下要素：事故发生的名称、时间、地点、概况；事故发生的简要经过、伤亡人数和直接经济损失的初步估计；事故发生原因的初步判断；事故的影响范围、发展趋势及采取的处置措施；事故报告单位等。

4. 后勤及财力保障

（1）组织抢险物资和后勤生活物资的供应，组织车辆运送抢险物资。

（2）组织运送车辆迅速地将应急救援领导小组人员接送到现场。

（3）对受伤人员实施医疗救护，提供运送车辆，联系确定治疗医院，办理相关手续，确保医疗费用及时缴纳。

（五）处置措施

1. 呼救

当工地发生雷击事故时，最先发现情况的人员应大声呼叫，呼叫内容要明确——某某部位发生某某情况，将信息准确传出。听到呼救的任何人，均有责任将信息报告给最近的管理人员、抢险救援组成员，使消息迅速报告到应急救援领导小组处。应急救援领导小组组长负责现场组织工作。

2. 报急救中心

事故现场安全员负责打急救中心电话120，报告发生伤亡伤害事故的地点、伤害类型。安全员负责将伤害情况及时报告项目部安环科，再由项目部安环科上报上级部门。

3. 接车

接车员迅速到路口接车，引领急救车从具备驶入条件的道路迅速到达现场。

4. 处置措施

（1）施工现场负责人切断施工现场内的所有电源，迅速通知所有在外工作的人员立即回到宿舍。

（2）对于受雷击后烧伤或严重休克的人，应立即让其躺下，扑灭其身上的火，并对其进行抢救。若伤者虽失去意识，但仍有呼吸或心跳，则自行恢复的可能性很大，应让伤者舒适平卧，安静休息后，再送医院治疗。若伤者已停止呼吸或心脏跳动，应迅速对其进行人工呼吸和胸外心脏按压。通知有关现场负责人，维护现场秩序，保护好事发现场。

（六）应急保障

参照综合应急预案"应急保障"。

十四、地震事故专项应急预案

(一)适用范围

本预案适用于发生在四川省交通建设集团有限责任公司都四山地轨道交通项目DSZH标项目经理部范围内的地震事故的应急处置工作。

(二)事故风险分析

在建工程及施工现场临时建筑的抗震强度较低,一旦发生地震容易发生建筑物倒塌,造成人员和财产损失。有些深基坑工程在地震发生时易发生坍塌事故,起重、垂直运输机械也易发生事故。因此,施工场地在地震发生时较易成为受灾严重场所。

(三)组织机构及职责

参照综合应急预案"应急机构组成及职责"。

(四)响应启动

1. 应急会议召开

确定应急响应级别后,召开相应级别的应急会议,布置抢险救援、资源协调、后勤保障等工作,落实到具体责任人。

2. 应急资源协调

启动三级应急响应程序时,由现场应急指挥在各自的职权范围内,对内部救援资源进行调配。需要调动其他部门资源时,可先调用,支援事故救援,等事态控制后第一时间告知相关部门。

启动二级应急响应程序时,由项目部应急救援领导小组组长及各小组组长在各自的职权范围内,最大限度地对DSZH标项目经理部内部救援资源进行调配。

启动一级应急响应程序时,仅靠DSZH标项目经理部的应急资源无法满足救援需求,应急救援领导小组组长在向上级政府主管部门报告事故情况时,应同时申请政府应急救援物资和力量,如当地消防大队、医院、应急部门、环境部门等,同时协调周边单位、机构等协助进行应急救援。

3. 信息公开

事故信息发布应尊重事实、客观准确。事故信息发布由项目部应急救援领导小组负责,事故信息对外发布前应先通报公司各级领导。重大事故信息发布要与当地应急管理局和上级主管部门信息发布部门沟通一致。

事故信息一般包括以下要素：事故发生的名称、时间、地点、概况；事故发生的简要经过、伤亡人数和直接经济损失的初步估计；事故发生原因的初步判断；事故的影响范围、发展趋势及采取的处置措施；事故报告单位等。

4. 后勤及财力保障

（1）组织抢险物资和后勤生活物资的供应，组织车辆运送抢险物资。

（2）组织运送车辆迅速地将应急救援领导小组人员接送到现场。

（3）对受伤人员实施医疗救护，提供运送车辆，联系确定治疗医院，办理相关手续，确保医疗费用及时缴纳。

（五）处置措施

事故发生后，现场的值班干部立即组织现场人员撤离到安全位置避险，并对受困人员进行思想教育及安慰，稳定人员的思想情绪，确保受困人员能得到妥善的安置。

（六）应急保障

参照综合应急预案"应急保障"。

十五、食物中毒事故专项应急预案

（一）适用范围

本预案适用于发生在四川省交通建设集团有限责任公司都四山地轨道交通项目DSZH标项目经理部范围内的食物中毒事故的应急处置工作。

（二）事故风险分析

（1）项目部、协作队伍食堂在购买、存放、加工等过程中未建立相关制度，或有制度不严格执行，可能存在购买到过期原材料、佐料或有毒有害产品，购买后入库前食堂管理人员未认真履行职责把好验收关，使得过期作料、变质食品进入库房的情况。

（2）储存中未建立管理台账，未能很好地将原材料、佐料在保质期内使用完。

（3）食堂厨师未认真履行岗位安全职责，在使用原材料、佐料时，未查验是否腐败发霉变质、有异味等，作料超过保质期，而过期作料仍继续使用。

（4）库房和厨房重地有闲杂人员进入，存在投毒的可能性。

（三）组织机构及职责

参照综合应急预案"应急机构组成及职责"。

(四)响应启动

1. 应急会议召开

确定应急响应级别后,召开相应级别的应急会议,布置抢险救援、资源协调、后勤保障等工作,落实到具体责任人。

2. 应急资源协调

启动三级应急响应程序时,由现场应急指挥在各自的职权范围内,对内部救援资源进行调配。需要调动其他部门资源时,可先调用,支援事故救援,等事态控制后第一时间告知相关部门。

启动二级应急响应程序时,由项目部应急救援领导小组组长及各小组组长在各自的职权范围内,最大限度地对DSZH标项目经理部内部救援资源进行调配。

启动一级应急响应程序时,仅靠DSZH标项目经理部的应急资源无法满足救援需求,应急救援领导小组组长在向上级政府主管部门报告事故情况时,应同时申请政府应急救援物资和力量,如当地消防大队、医院、应急部门、环境部门等,同时协调周边单位、机构等协助进行应急救援。

3. 信息公开

事故信息发布应尊重事实、客观准确。事故信息发布由项目部应急救援领导小组负责,事故信息对外发布前应先通报公司各级领导。重大事故信息发布要与当地应急管理局和上级主管部门信息发布部门沟通一致。

事故信息一般包括以下要素:事故发生的名称、时间、地点、概况;事故发生的简要经过、伤亡人数和直接经济损失的初步估计;事故发生原因的初步判断;事故的影响范围、发展趋势及采取的处置措施;事故报告单位等。

4. 后勤及财力保障

(1) 组织抢险物资和后勤生活物资的供应,组织车辆运送抢险物资。

(2) 组织运送车辆迅速地将应急救援领导小组人员接送到现场。

(3) 对受伤人员实施医疗救护,提供运送车辆,联系确定治疗医院,办理相关手续,确保医疗费用及时缴纳。

(五)处置措施

(1) 食物中毒一般具有潜伏期短、时间集中、突然爆发、来势凶猛的特点。据统计,食物中毒绝大多数发生在七、八、九三个月份。食物中毒在临床上表现为以上吐、下泻、腹痛为主的急性胃肠炎症状,严重者可因脱水、休克、循环衰竭而危及生命。因此,一旦发生食物中毒,千万不能惊慌失措,应冷静地分析发病的原因,针对引起中毒的食物以及食用的时间长短,及时采取如下应急处置措施。

① 催吐。如果食用时间在 1～2 h 内,可使用催吐的方法。立即取食盐 20 g 加开水 200 mL 溶化,冷却后一次喝下。如果不吐,可多喝几次,迅速促进呕吐。亦可用鲜生姜 100 g 捣碎取汁用 200 mL 温水冲服。如果吃下去的是变质的荤食品,则可服用"十滴水"来促使迅速呕吐。有的患者还可用筷子、手指或鹅毛等刺激咽喉,引发呕吐。

② 导泻。如果病人食用食物时间较长(一般已超过 2～3 h),而且精神较好,则可服用些泻药,促使中毒食物尽快排出体外。一般用大黄 30 g 一次煎服,老年患者可选用元明粉 20 g,用开水冲服,即可缓泻。对老年体质较好者,也可采用番泻叶 15 g 一次煎服,或用开水冲服,也能达到导泻的目的。

(2) 如果是吃了变质的鱼、虾、蟹等引起的食物中毒,可取食醋 100 mL 加水 200 mL,稀释后一次服下。此外,还可采用紫苏 30 g、生甘草 10 g 一次煎服。若是误食了变质的饮料或防腐剂,最好的急救方法是用鲜牛奶或其他含蛋白质的饮料灌服。

经上述急救,症状未见好转,或中毒较重,应尽快送医院治疗。在治疗过程中,要给病人以良好的护理,尽量使其安静,避免其精神紧张,提醒其注意休息,防止受凉,同时补充足量的淡盐开水。

控制食物中毒关键在于预防,搞好饮食卫生,严把"病从口入"关。

(六) 应急保障

参照综合应急预案"应急保障"。

十六、传染病疫情事件专项应急预案

(一) 适用范围

本预案适用于发生在四川省交通建设集团有限责任公司都四山地轨道交通项目 DSZH 标项目经理部范围内的传染病疫情事件的应急处置工作。

(二) 事故风险分析

生产、生活过程中,本项目人员存在传染病疫情感染的风险。

(三) 组织机构及职责

参照综合应急预案"应急机构组成及职责"。

（四）响应启动

1. 应急会议召开

确定应急响应级别后，召开相应级别的应急会议，布置抢险救援、资源协调、后勤保障等工作，落实到具体责任人。

2. 应急资源协调

启动三级应急响应程序时，由现场应急指挥在各自的职权范围内，对内部救援资源进行调配。需要调动其他部门资源时，可先调用，支援事故救援，等事态控制后第一时间告知相关部门。

启动二级应急响应程序时，由项目部应急救援领导小组组长及各小组组长在各自的职权范围内，最大限度地对DSZH标项目经理部内部救援资源进行调配。

启动一级应急响应程序时，仅靠DSZH标项目经理部的应急资源无法满足救援需求，应急救援领导小组组长在向上级政府主管部门报告事故情况时，应同时申请政府应急救援物资和力量，如当地消防大队、医院、应急部门、环境部门等，同时协调周边单位、机构等协助进行应急救援。

3. 信息公开

事故信息发布应尊重事实、客观准确。事故信息发布由项目部应急救援领导小组负责，事故信息对外发布前应先通报公司各级领导。重大事故信息发布要与当地应急管理局和上级主管部门信息发布部门沟通一致。

事故信息一般包括以下要素：事故发生的名称、时间、地点、概况；事故发生的简要经过、伤亡人数和直接经济损失的初步估计；事故发生原因的初步判断；事故的影响范围、发展趋势及采取的处置措施；事故报告单位等。

4. 后勤及财力保障

（1）组织抢险物资和后勤生活物资的供应，组织车辆运送抢险物资。

（2）组织运送车辆迅速地将应急救援领导小组人员接送到现场。

（3）对受伤人员实施医疗救护，提供运送车辆，联系确定治疗医院，办理相关手续，确保医疗费用及时缴纳。

（五）处置措施

1. 具体处置措施

（1）病例出现应立即向属地医院呼救，讲清疑似病例人员症状、持续时间和人数、地点，并派人到路口接应。

（2）立即指令警戒疏散组封锁事发现场和工地大门，对疑似传染病人员进行隔离。

（3）了解和掌握疫情，维护现场秩序，将疑似病例周围接触人员分开隔离。

（4）现场卫生员对涉及人员进行原因分析，对发现疑似病例的宿舍、各种用品进行全面消毒。

（5）指令全体人员不得随意进出工地大门。

（6）现场卫生员配合防疫部门和医院对疑似病例的发病原因进行分析，制定相应的纠正预防措施，认真填写调查报告，并上报有关部门。

2. 注意事项

（1）疫情发生时应立即组织人员进行封锁隔离，及时拨打属地医院和卫生防疫站电话。

（2）如果疑似病例和其接触人员不听劝阻，可立即将其进行隔离。

（3）抢救和保卫人员在与疑似病例和其接触人员近距离接触前，应穿戴有一定防护作用的口罩、衣服、手套和鞋帽，在接触后及时进行消毒。

（4）立即组织安全自查自纠，消除疫情隐患，确保施工安全；立即组织对全体施工作业人员的举一反三安全再教育，增强其安全防范意识，督促其做到遵章守纪，防止同类事故发生。

（六）应急保障

参照综合应急预案"应急保障"。

第七节　现场处置方案

一、触电事故现场处置方案

（一）事故风险分析

（1）事故类型：触电事故。

（2）事故发生的区域、地点或装置：变配电房、钢筋加工房、空压机房、生活办公区、厨房、配电柜、配电箱、二衬台车及其他用电场所。

（3）事故发生的可能时间、事故的危害严重程度及其影响范围。

① 事故发生的可能时间：24小时均有可能发生，尤其是在电气设备运行、检修、操作过程中，钢筋加工等机械设备运行过程中，电焊作业、切割作业、厨房烧水做饭时等。

② 事故的危害严重程度：事故可能造成群死群伤、设备损坏等严重后果。

③ 事故的影响范围:事故发生在区域范围内。

(4) 事故发生前可能出现的征兆:带电体裸露、电气设备无漏电保护开关、电气设备或金属构件无 PE 接地、电气设备长时间高负荷运转、作业人员防护措施不到位等。

(5) 事故可能引发的次生、衍生事故:在处置过程中处置不当可能引发二次触电事故。

(二) 应急工作职责

1. 岗位员工职责

(1) 发现可能或者已经触电者,应立即高声呼救、暂停作业。

(2) 立即采取正确措施,使触电者脱离电源,如切断电源、使用绝缘物体将触电者与带电体分开等。

(3) 立即向现场负责人报告事故情况。

(4) 接收并执行应急救援领导小组的指令。

2. 部门主管职责

(1) 接到现场员工报告后,应立即赶到现场进行确认。

(2) 组织本部门员工按照现场事故处置措施执行。

(3) 若发生的事故超出本部门控制能力,应立即上报上级主管领导。

(4) 接收并执行本应急救援领导小组的指令。

3. 应急救援领导小组组长职责

(1) 接到报告后,立即组织本应急救援领导小组成员赶赴现场。

(2) 组织本应急救援领导小组成员有序地按照应急处置措施展开应急处置。

(3) 事故超出本应急救援领导小组处置能力,应立即向上级应急处置小组报告。

(三) 应急处置

1. 事故应急处置程序

事故发生后,立即采取措施防止事故扩大并立即上报应急处置小组,启动应急处置程序,开展事故应急救援,救援完毕进行事故调查、善后处理。

2. 现场应急处置措施

(1) 现场作业人员应立即向四周呼救,并采取紧急措施防止事故进一步扩大,启动现场处置方案。

(2) 对于低压触电事故,可采取以下方法使触电者脱离带电体:关闭电源开关或拔下电源插头；用有绝缘手柄的电工钳、干燥木棍挑开电线或拉下电闸；当电线搭在触电者身上或被触电者压在身下时，也可用干燥的衣服、手套、绳索、木板、木棍等绝缘物作为工具，拉开、提高或挑开电线，使触电者脱离电源。切不可直接去拉触电者。

（3）对于高压触电者，可采取以下方法使触电者脱离带电体：立即通知有关部门切断电源；用高压绝缘杆挑开触电者身上的电线，触电者如果在高处作业时触电，断开电源时要防止触电者摔下来造成二次伤害。

（4）如果触电者伤势不重，神志清醒，但有些心慌，四肢麻木，全身无力或者触电者曾一度昏迷，但已清醒过来，应使触电者安静休息，不要走动，严密观察并送医院。

（5）如果触电者伤势较重，已失去知觉，但心脏跳动和呼吸还存在，应将触电者抬至空气畅通处，解开触电者的衣服，让触电者平直仰卧，并用软衣服垫在身下，使其头部比肩稍低，不妨碍呼吸，如天气寒冷要注意保温，并迅速送往医院。如果发现触电者呼吸困难，发生痉挛，应立即准备进行心脏停止跳动或者呼吸停止后的抢救。

（6）如果触电者伤势较重，呼吸停止或心脏跳动停止或二者都已停止，应立即采用口对口人工呼吸法及胸外心脏按压法进行抢救，并送往医院。在送往医院的途中，不应停止抢救。

（7）人触电后会出现神经麻痹、呼吸中断、心脏停止跳动，处于昏迷不醒状态，这时通常都是假死，万万不可当作"死人"草率处理。

（8）对于触电者，特别高空坠落的触电者，要特别注意搬运问题，很多触电者，除电伤外还有摔伤，搬运不当，如折断的肋骨扎入心脏等，可造成死亡。

（9）对于假死的触电者，要迅速深入持久地进行抢救。有不少的触电者，是经过四个小时甚至更长时间的抢救而救过来的。有经过六个小时的口对口人工呼吸及胸外心脏按压抢救而活过来的实例。只有经过医生诊断确定死亡，才可停止抢救。

（10）人工呼吸是在触电者停止呼吸后应用的急救方法。各种人工呼吸方法中以口对口呼吸法效果最好。

① 施行人工呼吸前，应迅速将触电者身上妨碍呼吸的衣领、上衣等解开，取出口腔内妨碍呼吸的食物、脱落的断齿、血块和黏液等，以免堵塞呼吸道，并使触电者仰卧，使其头部充分后仰（可用一只手托住触电者颈后），使其鼻孔朝上以利于呼吸道畅通。

② 救护人员用手使触电者鼻孔紧闭，深吸一口气后紧贴触电者的口向内吹

气,用时约 2 秒钟。吹气大小要根据不同的触电人有所区别,每次吹气要使触电者胸部微微鼓起为宜。

③ 吹气后,立即离开触电者的口,并放松触电者的鼻子,使空气呼出,用时约 3 秒钟。然后重复吹气动作。吹气要均匀,每分钟吹气呼气约 12 次。触电者已开始恢复自由呼吸后,还应仔细观察触电者的呼吸是否会再度停止。如果触电者的呼吸再度停止,应再继续进行人工呼吸,这时人工呼吸要与触电者微弱的呼吸规律一致。

④ 如无法使触电者把口张开,可改用口对鼻人工呼吸法,即捏紧嘴巴紧贴鼻孔吹气。

(11) 胸外心脏按压法是触电者心脏停止跳动后采用的急救方法。

① 做胸外心脏按压时使触电者仰卧在比较坚实的地方,姿势与口对口人工呼吸法相同,救护者跪在触电者一侧或跪在触电者腰部两侧,两手相叠,手掌根部放在心窝上方、胸骨下三分之一至二分之一处,掌根用力向下(脊背的方向)挤压,压出心脏里面的血液。成人应挤压 3~5 厘米,宜每秒钟挤压一次,太快了效果不好,每分钟挤压 60 次为宜。挤压后掌根迅速全部放松,让触电者胸廓自动恢复,使血液充满心脏。放松时掌根不必完全离开胸部。

② 应当指出,心脏停止跳动了,呼吸很快会停止;呼吸停止了,心脏跳动也维持不了多久。一旦呼吸和心脏跳动都停止了,应当同时进行口对口人工呼吸和胸外心脏按压。如果现场只有一人施救,两种方法交替进行。可以挤压 4 次后,吹气 1 次,而且吹气和挤压的速度都应提高一些,以不降低抢救效果。

③ 对于儿童触电者,可以用一只手按压,用力要轻一些,以免损伤其胸骨,而且每分钟宜挤压 100 次左右。

3. 事故报告程序及要求

1) 信息上报

发生触电事故后,现场负责人或作业人员应立即在最短时间内首先报告项目部,不得迟报、误报和瞒报,经理部专人负责向上级主管部门报告。凡因报告不及时或压制不报而造成严重后果和影响的,按照国家法律法规追究有关人员的责任。

2) 报告方式和时限

对在施工过程中发生的质量、安全事故及各种事故事件,分部必须在 10 分钟内用电话的形式向经理部报告,1 小时内以书面形式进行报告。发生重大事故及以上的,在情况确认后,第一时间报告项目部主管领导。有关部门接到事故通报后,应以最快速度赶赴事故地点,参与救援抢险工作。

3) 报告内容和要求

(1) 事件发生的时间、地点及事件现场情况。

(2) 事件的简要经过。

(3) 事件已经造成或者可能造成的伤亡人数和初步估计的直接经济损失。

(4) 事件发生原因的初步判断。

(5) 采取的应急措施及事件控制情况。

(6) 事件报告单位、报告时间、报告人。

各作业队要及时掌握各类事故事件信息,对于一些事件本身比较敏感或发生在敏感地区、敏感时间,或可能演化为特别重大、重大、特大事故事件信息的报送,不受分级标准限制。

(四) 注意事项

(1) 在使触电者脱离带电体时应注意,未采取绝缘措施前,救护人员不得直接接触触电者的皮肤和潮湿的衣服。

(2) 严禁救护人员直接用手推、拉和触摸触电者;救护人员不得使用金属或其他导电体或绝缘性差的物体(如潮湿的木棒)作为救护工具。

(3) 在拉拽触电者脱离带电体的过程中,救护人员宜用单手操作,这样对救护人员来说比较安全。

(4) 当触电者位于高处时,应采取措施防止触电者在脱离带电体后摔伤或摔死。

(5) 夜间发生触电事故,应考虑切断电源后的临时照明问题,以利于救护。

二、坍塌事故现场处置方案

(一) 事故风险分析

(1) 事故类型:坍塌事故。

(2) 事故发生的区域、地点:本项目路基高边坡、桥梁承台及涵洞基坑等。

(3) 可能发生事故的时间、事故的危害严重程度及其影响范围。

① 可能发生事故的时间:边仰坡开挖时直至结构物或支护措施施工完成期间均有可能发生坍塌事故。

② 事故的危害严重程度:事故可能造成群死群伤、设备损坏等严重后果。

③ 事故的影响范围:如果发生人员伤亡事故,可造成较大的社会影响。

(4) 事故发生前可能出现的征兆:边坡围岩有剥落、坡顶地面开裂;基坑周边开裂、下沉、围岩剥落等。

(二)应急工作职责

1. 岗位员工职责

(1)立即暂停作业,撤离危险区域,大声警示其他作业人员远离危险区域。

(2)在确认无再次坍塌风险、确保自身安全的情况下开展对伤员的救援。

(3)立即向上级主管部门或现场负责人报告事故情况。

(4)接收并执行应急救援领导小组的指令。

2. 部门主管职责

(1)接到现场员工报告后,应立即赶到现场进行确认。

(2)组织本部门员工按照现场事故处置措施执行。

(3)若发生的事故超出本部门控制能力,应立即上报上级主管领导。

(4)接收并执行本应急救援领导小组的指令。

3. 应急救援领导小组组长职责

(1)接到报告后,立即组织本应急救援领导小组成员赶赴现场。

(2)组织本应急救援领导小组成员有序地按照应急处置措施进行应急处置。

(3)事故超出本应急救援领导小组处置能力,应立即向上级应急处置小组报告。

(三)应急处置

1. 事故应急处置程序

事故发生后,立即采取措施防止事故扩大并立即上报应急处置小组,启动应急处置程序,开展事故应急救援,救援完毕进行事故调查、善后处理。

2. 现场应急处置措施

(1)事故发生后,现场作业人员应立即停止作业,撤离危险区域,并采取紧急措施防止事故进一步扩大,同时立即报告应急处置小组。

(2)项目部应急处置小组立即赶赴现场,根据实际事故程度情况,决定是否拨打120或110、119;报告发生伤亡和伤害的地点、伤害类型,同时必须告知急救中心工程附近最醒目的标志建筑,以利于急救中心迅速判断方位。

(3)接车人员迅速到路口等待、迎接抢救车辆,迅速掌握道路的畅通情况,如有障碍,立即组织力量进行排畅工作,引领急救车从具备驶入条件的道路迅速到达现场。

(4)发生塌方后,应先检查塌方处是否还有可能的塌方危险,当确认无危险后,方可实施抢救,如还可能造成二次塌方,则必须采取有效措施控制。

（5）清理坍塌土方不可使用工具，应人工清除，避免对伤员造成二次伤害。尽可能找到受伤人员的相对比较准确的位置。

（6）找到受伤人员时，受土方坍塌伤害的人员可能有内伤、遭到脊柱伤害和发生了骨折，因此也不可急速摇动或拖动受伤人员，应多人平托住受伤人员的身体，缓慢将其放置于平坦的地面上或直接放入应急担架上；发现受伤人员有呼吸障碍，应进行口对口的人工呼吸；发现受伤人员出血，应迅速采取止血措施，可在伤口近心端结扎，但应每半小时松开一次，以避免坏死，动脉出血应用指压大腿根部股动脉止血；在等待外援专业救助时，受伤人员必须有专人守候护理，观察受伤人员的状况；在急救医生到来后，应将受伤人员受伤原因和已经采取的救护措施详细告诉医生。

（7）在事故现场内设立警戒区域，禁止无关人员进入，保护好现场，配合安全管理部门调查伤亡、伤害原因。因抢险需要对现场有一定改变或封闭前，拍取相关现场照片，以便做好事故分析、处理等工作。

3. 事故报告程序及要求

1）信息上报

发生坍塌事故后，现场负责人或作业人员应立即按照项目部报告制度及业主有关规定在最短时间内首先报告项目部，不得迟报、误报和瞒报，项目部专人负责向上级主管部门报告。凡因报告不及时或压制不报而造成严重后果和影响的，按照国家法律法规追究有关人员的责任。

2）报告方式和时限

对在施工过程中发生的坍塌事故，现场人员必须在10分钟内用电话的形式向项目部报告，1小时内以书面形式进行报告。发生重大事故及以上的，在情况确认后，第一时间报告项目部主管领导。项目部应急救援领导小组接到事故通报后，应以最快速度赶赴事故地点，参与救援抢险工作。

3）报告内容和要求

（1）事件发生的时间、地点及事件现场情况。

（2）事件的简要经过。

（3）事件已经造成或者可能造成的伤亡人数（包括下落不明的人数）和初步估计的直接经济损失。

（4）事件发生原因的初步判断。

（5）采取的应急措施及事件控制情况。

（6）事件报告单位、报告时间、报告人。

各作业队要及时掌握各类事故事件信息，对于一些事件本身比较敏感或发生在敏感地区、敏感时间,或可能演化为特别重大、重大、特大事故事件信息的报送,不受分级标准限制。

(四) 注意事项

(1) 救援人员要正确穿戴安全防护器具,避免救援过程中造成救援人员受伤或死亡事故。

(2) 合理选用救援器材、设备。

三、高处坠落事故现场处置方案

(一) 事故风险分析

(1) 事故类型:高处坠落事故。

(2) 事故发生的区域、地点:桥梁、临边、脚手架、塔式起重机等。

(3) 可能发生事故的时间、事故的危害严重程度及其影响范围。

① 可能发生事故的时间:桥梁墩柱、梁部施工作业时,塔式起重机搭设、拆除过程中,桥涵基坑施工作业过程中,其他登高作业时。

② 事故的危害严重程度:高处坠落事故作为建筑业"三大伤害"事故中发生率最高、危险性最大的事故,可造成人员受伤甚至死亡。

③ 事故的影响范围:发生事故的作业区域。

(4) 事故发生前可能出现的征兆:高处作业人员未按要求系安全绳,临边无防护栏杆,存在违章指挥、违章作业、违反劳动纪律行为,高处作业安全防护设施材质强度不够、磨损老化,安全防护设施不合格、装置失灵,劳动防护用品缺陷等。

(二) 应急工作职责

1. 岗位员工职责

(1) 发现人员从高处坠落,应立即高声呼救、暂停作业。

(2) 检查坠落人员受伤情况,并对伤员和事故现场进行有效保护。

(3) 立即向上级主管部门或现场负责人报告事故情况。

(4) 接受并执行应急救援领导小组的指令。

2. 部门主管职责

(1) 接到现场员工报告后,应立即赶到现场进行确认。

(2) 组织本部门员工按照现场事故处置措施执行。

(3) 若发生的事故超出本部门控制能力,应立即上报上级主管领导。

(4) 接收并执行应急救援领导小组的指令。

3. 应急救援领导小组组长职责

（1）接到报告后，立即组织本应急救援领导小组成员赶赴现场。

（2）组织本应急救援领导小组成员有序地按照应急处置措施进行应急处置。

（3）事故超出本应急救援领导小组处置能力，应立即向上级应急处置小组报告。

（三）应急处置

1. 事故应急处置程序

事故发生后，立即采取措施防止事故扩大并立即上报应急处置小组，启动应急处置程序，开展事故应急救援，救援完毕进行事故调查、善后处理。

2. 现场应急处置措施

（1）事故发生后，现场作业人员应立即停止作业，撤离危险区域，并采取紧急措施防止事故进一步扩大，同时立即报告应急处置小组。

（2）项目部应急处置小组立即赶赴现场，根据实际事故程度情况，决定是否拨打120或110、119；报告发生伤亡和伤害的地点、伤害类型，同时必须告知急救中心工程附近最醒目的标志建筑，以利急救中心迅速判断方位。

（3）接车人员迅速到路口等待、迎接抢救车辆，迅速掌握道路的畅通情况，如有障碍，立即组织力量进行排畅工作，引领急救车从具备驶入条件的道路迅速到达现场。

（4）迅速使伤员脱离危险场地，将其移至安全地带。

（5）保持伤员呼吸道通畅，若发现窒息者，应及时解除其呼吸道阻塞和呼吸功能障碍，立即解开其衣领，消除其口鼻、咽喉部的异物、血块、分泌物、呕吐物等。

（6）有效止血，包扎伤口。

（7）伤员有骨折、关节伤、肢体挤压伤、大块软组织伤都要进行固定。

（8）若伤员有断肢情况发生，应尽量用干净的干布（灭菌敷料）包裹装入塑料袋内，随伤员一起转送。

（9）预防感染、止痛，可以给伤员用抗生素和止痛剂。

（10）记录伤情，现场救护人员应边抢救边记录伤员的受伤机制、受伤部位、受伤程度等第一手资料。

3. 事故报告程序及要求

1）信息上报

发生高处坠落事故后，现场负责人或作业人员应立即按照项目部报告制度及业主有关规定在最短时间内首先报告项目部,不得迟报、误报和瞒报,项目部专人负责向上级主管部门报告。凡因报告不及时或压制不报而造成严重后果和影响的,按照国家法律法规追究有关人员的责任。

2) 报告方式和时限

对在施工过程中发生的高处坠落事故,现场人员必须在10分钟内用电话的形式向项目部报告,1小时内以书面形式进行报告。发生重大事故及以上的,在情况确认后,第一时间报告项目部主管领导。项目部应急救援领导小组接到事故通报后,应以最快速度赶赴事故地点,参与救援抢险工作。

3) 报告内容和要求

(1) 事件发生的时间、地点及事件现场情况。

(2) 事件的简要经过。

(3) 事件已经造成或者可能造成的伤亡人数(包括下落不明的人数)和初步估计的直接经济损失。

(4) 事件发生原因的初步判断。

(5) 采取的应急措施及事件控制情况。

(6) 事件报告单位、报告时间、报告人。

各作业队要及时掌握各类事故事件信息,对于一些事件本身比较敏感或发生在敏感地区、敏感时间,或可能演化为特别重大、重大、特大事故事件信息的报送,不受分级标准限制。

(四)注意事项

(1) 发生高处坠落事故、在人员得到安全救治后,应安排专人对施工现场区域内的临边、洞口进行排查,避免事故再次发生。

(2) 伤员救治时,应注意救治的方法,防止处置不当造成人员二次伤害。

四、火灾事故现场处置方案

(一)事故风险分析

(1) 事故类型:火灾事故。

(2) 事故发生的区域、地点:油库、材料堆放区、变配电室、项目部及作业队生活办公区、钢架加工棚、其他动火作业区。

(3) 可能发生事故的时间、事故的危害严重程度及其影响范围。

① 可能发生事故的时间:火灾事故没有明显的季节特征,任何时候都有发生的可能。

② 事故的危害严重程度：可造成重大人员伤亡和财产损失事故。
③ 事故的影响范围：整个标段范围内。

（4）火灾事故发生的原因：施工生产过程中，电气设备、员工宿舍、材料放置区等均或多或少存在易燃、可燃物。这些易燃、可燃物遇到明火，就有可能发生火灾事故。引起火灾事故的原因有电源短路、明火或人员吸烟、电焊及切割作业、雷击、电气设备故障等。

（二）应急工作职责

1. 岗位员工职责

（1）在应急处置小组领导下开展救援工作。

（2）发现火情立即上报，并在火情蔓延前采取措施防止火情蔓延。

（3）积极配合事故调查单位对事故的调查，如果对事故负有责任要接受相应处罚。

（4）立即向上级主管部门或现场负责人报告事故情况，接收并执行应急救援领导小组的指令。

2. 部门主管职责

（1）接到现场员工报告后，应立即赶到现场进行确认。

（2）组织本部门员工按照现场事故处置措施执行。

（3）若发生的事故超出本部门控制能力，应立即上报上级主管领导。

（4）接收并执行本应急救援领导小组的指令。

3. 应急救援领导小组职责

（1）负责事故初期的应急自救，包括扑救火灾、救治伤员、设立警戒区、应急照明、疏散人员、清点人数等，尽可能在事故初期控制住事态，减少事故损失。

（2）负责应急处置小组人员及各岗位员工的教育培训、演练、调整等。

（3）负责组建应急自救队伍，配备救援设备和材料。

（4）负责事故的预警行动和应急响应。

（5）负责事故上报工作，组织事故调查。

（三）应急处置

1. 事故应急处置程序

事故发生后，立即采取措施防止事故扩大并立即上报应急处置小组，启动应急处置程序，开展事故应急救援，救援完毕进行事故调查、善后处理。

2. 现场应急处置措施

1）火情现场处置

（1）所有员工应熟悉火情报告程序，发现事故征兆，如电源线产生火花，某个部位有烟气、异味等;现场第一发现人应立即大声呼救,警示其他人员,并报告现场带班人员;现场人员立即进行自救、灭火,防止火情扩大。

(2) 现场带班人员接到火情报告后,立即到达事故现场了解情况,组织人员开展自救灭火,并立即向项目经理部上报现场实际情况。

(3) 火情扑灭后,做好现场保护工作,待有关部门组织对事故进行调查。

2) 火灾现场处置

(1) 发生火灾后,现场指挥人员组织各救援小组快速集合,快速反应履行各自职责,投入灭火救援行动中。根据不同类型的火灾,采取不同的灭火方法。

(2) 应急救援领导小组负责报警,及时向有关部门报告现场情况,派人接应消防车辆。

(3) 在有可能形成有毒或窒息气体的火灾时(如防水板着火),应在正确佩戴防毒面具或采取其他有效保护措施后进行救援,以防救援人员中毒,消防人员到达事故现场后,要立即向其简要汇报事故情况,并听从指挥,积极配合专业消防人员完成灭火任务。

(4) 现场自救有困难(如火灾较大、没有安全防护措施等)时,要立即撤离至安全区域。

3) 现场抢救伤员的处置

(1) 被救人员衣服着火时,可提醒被救人员就地翻滚,用水或毯子、被褥等覆盖灭火,伤口处的衣、裤、袜等应剪开脱去,不可硬行撕拉,伤口处用消毒纱布或干净棉布覆盖,并立即将其送往医院救治。

(2) 对烧伤面积较大的伤员,要注意其呼吸、心跳的变化,必要时进行心脏复苏。

(3) 对出现骨折、出血的伤员,应做相应的包扎、固定处理;搬运伤员时,不得压迫创面,不得引起伤员呼吸困难。

(4) 抢救受伤严重的伤员或在进行抢救伤员的同时,应拨打急救中心电话,并派人接应急救车。

(5) 灭火结束后,要注意保护好现场,配合有关部门对事故的调查处理,做好伤亡人员的善后处理工作。事故调查处理完毕并经过相关部门同意后,方可组织进行现场清理,恢复施工。

3. 事故报告程序及要求

1) 信息上报

发生火灾事故后,现场负责人或作业人员应立即按照项目部报告制度及业主有关规定在最短时间内首先报告项目部,不得迟报、误报和瞒报,项目部专人负责向上级主管部门报告。凡因报告不及时或压制不报而造成严重后果和影响的,按照国家法律法规追究有关人员的责任。

2) 报告方式和时限

在施工过程中发生火灾事故时,现场人员必须在 10 分钟内用电话的形式向项目部报告,1 小时内以书面形式进行报告。发生重大事故及以上的,在情况确认后,第一时间报告经理部主管领导。有关部门接到事故通报后,应以最快速度赶赴事故地点,参与救援抢险工作。

3) 报告内容和要求

(1) 事件发生的时间、地点及事件现场情况。

(2) 事件的简要经过。

(3) 事件已经造成或者可能造成的伤亡人数(包括下落不明的人数)和初步估计的直接经济损失。

(4) 事件发生原因的初步判断。

(5) 采取的应急措施及事件控制情况。

(6) 事件报告单位、报告时间、报告人。

各作业队要及时掌握各类事故事件信息,对于一些事件本身比较敏感或发生在敏感地区、敏感时间,或可能演化为特别重大、重大、特大事故事件信息的报送,不受分级标准限制。

(四) 注意事项

(1) 火灾现场救援一定要正确穿戴有效的防护设备(防毒面罩、防护服等),逃离火场时一定要掌握正确的方法(如用湿的衣物、毛巾捂住口鼻,撤离时弯腰,尽可能撤离至火场的上风向)。

(2) 事故现场救援工作结束后,要认真做好伤员后续治疗工作,协调好伤员的处置及家属安抚工作。

五、机械伤害事故现场处置方案

(一) 事故风险分析

(1) 事故类型:机械伤害事故。

(2) 事故发生的区域、地点:架桥机、塔吊、桩机、龙门吊、运梁车、钢筋加工机械、装载机、挖掘机等机械设备。

(3) 可能发生事故的时间、事故的危害严重程度及其影响范围。

① 可能发生事故的时间:各种机械设备使用、维修、保养时是机械伤害事故

最易发生的时候。

② 事故的危害严重程度：可造成人员伤亡、设备损坏、财产损失等。

③ 事故的影响范围：整个标段范围内。

(4) 机械伤害事故发生的原因。

引起机械伤害事故的原因一般有两个：一个是人员安全意识淡薄、不遵守操作规程、操作不当等；另一个是机械本身存在质量问题、安全设施不齐全、设备老化失修等。

(二) 应急工作职责

1. 岗位员工职责

(1) 遵守操作规程，按章操作，经常对各种机械设备进行检修。

(2) 发生机械伤害事故要立即停止设备的运行，对伤员进行急救，同时拨打救援电话，向现场管理人员或带班人员报告。

(3) 积极配合事故调查单位对事故的调查，如果对事故负有责任要接受相应处罚。

(4) 接收并执行应急救援领导小组的指令。

2. 部门主管职责

(1) 接到现场员工报告后，应立即赶到现场进行确认。

(2) 组织本部门员工按照现场事故处置措施执行，组织人员抢救伤员、保护事故现场。

(3) 立即向事故应急处置小组报告。

(4) 接收并执行本应急救援领导小组的指令。

3. 应急救援领导小组职责

(1) 负责事故初期的应急自救，包括救治伤员、设立警戒区、应急照明、疏散人员等，尽可能减少事故损失。

(2) 负责应急处置小组人员及各岗位员工的教育培训、演练、调整等。

(3) 负责组建应急自救队伍，配备救援设备和材料。

(4) 负责事故的预警行动和应急响应。

(5) 负责事故上报工作，组织事故调查。

(三) 应急处置

1. 事故应急处置程序

事故发生后，立即采取措施防止事故扩大并立即上报应急处置小组，启动应急处置程序，开展事故应急救援，救援完毕进行事故调查、善后处理。

2. 现场应急处置措施

（1）发生机械伤害事故后，必须立即停止机械的运转，同时向周围其他作业人员呼救，对伤员进行急救，并拨打120急救中心电话，同时向现场管理人员或带班人员简要汇报事故情况。拨打急救中心电话时要说明伤员的受伤部位和受伤情况，派人接应急救车辆。

（2）现场带班人员接到报告后要立即赶到现场指挥救援、掌握现场情况并立即向应急救援领导小组报告。

（3）应急救援领导小组接到事故报告后，立即启动应急救援预案，赶到现场组织抢救。

（4）人员受伤处理措施：发生断手、断指等严重情况时，对伤者伤口要进行包扎止血、止痛、半握拳状的功能固定。对断手、断指应用消毒或清洁敷料包扎好，忌将断手、断指浸入酒精等消毒液中，以防细胞变质。将包好的断手、断指放在无泄漏的塑料袋内，扎紧袋口，在袋周围放置冰块，或用冰棍代替，速随伤者送医院。肢体卷入设备内，必须立即切断电源，如果肢体仍被卡在设备内，不可用倒转设备的方法取出肢体，妥善的方法是拆除设备部件，无法拆除时拨打119报警电话请求救援。受伤人员出现肢体骨折时，应尽量保持受伤的体位，由现场医务人员对伤肢进行固定，并在其指导下采用正确的方式进行抬运，防止因救助方法不当导致伤情进一步加重。受伤人员出现呼吸、心跳停止症状后，必须立即进行胸外心脏按压或人工呼吸。

（5）做好事故紧急救援的同时，要注意事故现场保护，对相关信息和证据进行收集和整理，以便顺利开展事故调查。

3. 事故报告程序及要求

1）信息上报

发生机械伤害事故后，现场负责人或作业人员应立即按照项目部报告制度及业主有关规定在最短时间内首先报告经理部，不得迟报、误报和瞒报，项目部专人负责向上级主管部门报告。凡因报告不及时或压制不报而造成严重后果和影响的，按照国家法律法规追究有关人员的责任。

2）报告方式和时限

对在施工过程中发生的各种事故事件，分部必须在10分钟内用电话的形式向项目部报告，1小时内以书面形式进行报告。发生重大事故及以上的，在情况确认后，第一时间报告项目部主管领导。有关部门接到事故通报后，应以最快速度赶赴事故地点，参与救援抢险工作。

3）报告内容和要求

（1）事件发生的时间、地点及事件现场情况。

(2) 事件的简要经过。

(3) 事件已经造成或者可能造成的伤亡人数(包括下落不明的人数)和初步估计的直接经济损失。

(4) 事件发生原因的初步判断。

(5) 采取的应急措施及事件控制情况。

(6) 事件报告单位、报告时间、报告人。

各作业队要及时掌握各类事故事件信息,对于一些事件本身比较敏感或发生在敏感地区、敏感时间,或可能演化为特别重大、重大、特大事故事件信息的报送,不受分级标准限制。

(四) 注意事项

(1) 救护机械伤害的伤员时,必须对伤情进行初步判断,不可直接进行救护,以免救护人员施救不当造成伤员伤情加重。

(2) 机械伤害事故有可能发生在高处,在救援时要注意高坠危险,必须做好伤员和救护人员的安全保护。

(3) 事故现场救援工作结束后,要认真做好伤员后续治疗工作,协调好伤员的处置及家属安抚工作。

六、起重机械伤害事故现场处置方案

(一) 事故风险分析

(1) 事故类型:起重机械伤害事故。

(2) 事故发生的区域、地点:架桥机、塔吊、龙门吊、汽车吊、运梁车等起重设备,重点区域是桥梁施工现场及梁场。

(3) 可能发生事故的时间、事故的危害严重程度及其影响范围。

① 可能发生事故的时间:起重作业时。

② 事故的危害严重程度:可造成严重的人员伤亡、设备损坏、财产损失等。

③ 事故的影响范围:事故可能影响整个标段范围,甚至影响到整个企业范围。

(4) 起重机械伤害事故发生的原因和事故发生前可能出现的征兆。

① 事故发生的原因:起重机械操作人员未经培训合格、无证上岗,操作人员"三违"作业,作业范围内无防护设施,起重作业无专业信号工、司索工等,机械设备安全装置不全或失效、机械带"病"作业等。

② 事故发生前可能出现的征兆:设备异常响动、钢丝绳断丝超限、钩头裂

纹、限重器报警、行走不同步、刹车失灵等。

（二）应急工作职责

1. 岗位员工职责

（1）遵守操作规程，按章操作，经常对各种机械设备进行检修。

（2）发生起重机械伤害事故要立即停止作业，对伤员进行急救，同时拨打救援电话，向现场管理人员或带班人员报告。

（3）积极配合事故调查单位对事故的调查，如果对事故负有责任要接受相应处罚。

（4）接收并执行应急救援领导小组的指令。

2. 部门主管职责

（1）接到现场员工报告后，应立即赶到现场进行确认。

（2）组织本部门员工按照现场事故处置措施执行，组织人员抢救伤员、保护事故现场。

（3）立即向事故应急处置小组报告。

（4）接收并执行本应急救援领导小组的指令。

3. 应急救援领导小组职责

（1）负责事故初期的应急自救，包括救治伤员、设立警戒区、应急照明、疏散人员等，尽可能减少事故损失。

（2）负责应急处置小组人员及各岗位员工的教育培训、演练、调整等。

（3）负责组建应急自救队伍，配备救援设备和材料。

（4）负责事故的预警行动和应急响应。

（5）负责对外协调，向上级部门汇报。

（6）组织事故调查。

（三）应急处置

1. 事故应急处置程序

事故发生后，起重机械司机立即停止起重作业，向应急处置小组报告，启动应急处置程序，开展事故应急救援，救援完毕进行事故调查、善后处理。

2. 现场应急处置措施

（1）发生起重机械伤害事故后，起重机械司机必须立即停止作业，同时向周围其他作业人员呼救、发出警告，对伤员进行急救，并向现场管理人员或带班人员简要汇报事故情况。情况严重时，拨打急救中心电话时要说明伤员的受伤部位和受伤情况，派人接应急救车。

（2）如仅有设备损坏、无人员伤亡，起重机械司机应保持冷静，立即停止作业，如重物悬空应在保证安全的情况下，落下重物，关闭电源，立即向现场管理人员或带班人员报告。

（3）应急救援领导小组到达现场后，立即实施现场处置工作，最大限度地减少人员伤亡和财产损失。对较轻的受伤人员，视伤情及时采取止血、包扎、固定等措施，并送往医院治疗。针对一般机械事故，要立即组织人员封锁事故现场，做好警示标识，等待专业维修人员进行处理。

（4）人员被压在重物下面，立即采取搬开重物或使用起重工具吊起重物等措施，将受伤人员转移到安全地带，进行抢救。

（5）发生触电时，应立即想办法切断起重机机械电源，然后再抢救触电人员。

（6）受伤人员出现呼吸、心跳停止症状后，必须立即进行人工呼吸。

（7）起重机械的修复应由具有相关资质的人员或单位进行，检查正常后，可恢复使用。

3. 事故报告程序及要求

1）信息上报

发生起重机械伤害事故后，现场负责人或作业人员应立即按照项目部报告制度及业主有关规定在最短时间内首先报告项目部，不得迟报、误报和瞒报，项目部专人负责向上级主管部门报告。凡因报告不及时或压制不报而造成严重后果和影响的，按照国家法律法规追究有关人员的责任。

2）报告方式和时限

对在施工过程中发生的起重机械伤害事故，分部必须在10分钟内用电话的形式向项目部报告，1小时内以书面形式进行报告。发生重大事故及以上的，在情况确认后，第一时间报告项目部主管领导。有关部门接到事故通报后，应以最快速度赶赴事故地点，参与救援抢险工作。

3）报告内容和要求

（1）事件发生的时间、地点及事件现场情况。

（2）事件的简要经过。

（3）事件已经造成或者可能造成的伤亡人数（包括下落不明的人数）和初步估计的直接经济损失。

（4）事件发生原因的初步判断。

（5）采取的应急措施及事件控制情况。

（6）事件报告单位、报告时间、报告人。

各作业队要及时掌握各类事故事件信息,对于一些事件本身比较敏感或发生在敏感地区、敏感时间,或可能演化为特别重大、重大、特大事故事件信息的报送,不受分级标准限制。

(四)注意事项

(1)参加救援的人员必须穿戴劳动防护用品。

(2)合理使用气割设备、液压钳、扩张器、电锤等救援工具,确认工具完好、承受能力在工具额定范围内,防止因救援工具使用不当或者超出使用范围造成人员二次伤害。

(3)事故现场救援工作结束后,要认真做好伤员后续治疗工作,协调好伤员的处置及家属安抚工作。

七、物体打击事故现场处置方案

(一)事故风险分析

(1)事故类型:物体打击事故。

(2)事故发生的区域、地点:有高处作业的场所,如桥梁施工、涵洞施工、脚手架施工、塔吊作业等。

(3)可能发生事故的时间、事故的危害严重程度及其影响范围。

① 可能发生事故的时间:高处作业时均有可能发生。

② 事故的危害严重程度:可造成人员受伤,严重时可造成人员死亡。

③ 事故的影响范围:整个标段范围内。

(4)事故发生的原因和事故发生前可能出现的征兆。

① 事故发生的原因:高处作业时,物体坠落伤人;人为抛掷杂物伤人;起重吊装、模板装拆、脚手架搭设时物料掉落伤人;车辆、设备运行过程中物体撒落伤人;等等。

② 事故发生前可能出现的征兆:作业人员未正确佩戴安全帽;高处作业人员未使用工具袋,乱扔乱抛物料(工具);临边、洞口等无防抛网、围挡等措施或防护措施不可靠;物料堆放高度超过规定高度;等等。

(二)应急工作职责

1. 岗位员工职责

(1)遵守操作规程,按章操作,不得随手乱扔乱抛物料(工具)。

(2)根据施工要求,做好各类临边、洞口的安全防护设施。

(3)事故发生后要立即停止作业,向周围作业人员呼救、警告,并对伤员进行紧急救援,同时向带班人员报告事故情况。

(4) 积极配合事故调查单位对事故的调查,如果对事故负有责任要接受相应处罚,接收并执行应急救援领导小组的指令。

2. 部门主管职责

(1) 接到现场员工报告后,应立即赶到现场进行确认。

(2) 组织本部门员工按照现场事故处置措施执行,组织人员抢救伤员、保护事故现场。

(3) 立即向事故应急处置小组报告。

(4) 接收并执行本应急救援领导小组的指令。

3. 应急救援领导小组职责

(1) 负责事故初期的应急自救,包括救治伤员、设立警戒区、应急照明、疏散人员等,尽可能减少事故损失。

(2) 负责应急处置小组人员及各岗位员工的教育培训、演练、调整等。

(3) 负责组建应急自救队伍,配备救援设备和材料。

(4) 负责事故的预警行动和应急响应。

(5) 负责对外协调,向上级部门汇报。

(6) 组织事故调查。

(三) 应急处置

1. 事故应急处置程序

事故发生后,现场作业人员立即停止作业,开展紧急救援,并向带班人员汇报事故情况,向应急处置小组报告,启动应急处置程序,开展事故应急救援,救援完毕进行事故调查、善后处理。

2. 现场应急处置措施

(1) 发生物体打击事故后,为保障伤员的生命、减轻伤员的痛苦,现场人员在向带班人员汇报事故情况后,可进行现场施救,施救一定要采取正确的方法。

(2) 如果受伤人员伤势较轻,创伤处用消毒纱布或干净的棉布覆盖。

(3) 对有骨折或出血的受伤人员,做相应的包扎、固定处理,搬运受伤人员时应以不压迫创伤面和不引起呼吸困难为原则。

(4) 对心跳、呼吸骤停的受伤人员,应立即进行心脏复苏、人工呼吸。胸部外伤者不能采用胸外心脏按压法。

(5) 若受伤人员呼吸短促或微弱,胸部无明显呼吸起伏,应立即给其做口对口人工呼吸,频率为每分钟 14~16 次;如受伤人员脉搏微弱,应立即对其进行人工心脏按压,在心脏部位不断按压、松开,频率为每分钟 60 次,帮助窒息者恢复心脏跳动。

(6) 抢救受伤较重的受伤人员,在抢救的同时,及时拨打急救中心电话,由医务人员救治受伤人员。

(7) 如无能力救治,尽快将受伤人员送往医院救治。

(8) 肢体骨折应尽快固定伤肢,减少骨折断端对周围组织的进一步损伤,如没有任何物品可做固定器材,可使用受伤人员的侧肢体,将躯干与伤肢绑在一起,再送往医院。

3. 事故报告程序及要求

1) 信息上报

发生物体打击事故后,现场负责人或作业人员应立即按照项目部报告制度及业主有关规定在最短时间内首先报告经理部,不得迟报、误报和瞒报,项目部专人负责向上级主管部门报告。凡因报告不及时或压制不报而造成严重后果和影响的,按照国家法律法规追究有关人员的责任。

2) 报告方式和时限

对在施工过程中发生的物体打击事故,分部必须在 10 分钟内用电话的形式向项目部报告,1 小时内以书面形式进行报告。发生重大事故及以上的,在情况确认后,第一时间报告项目部主管领导。有关部门接到事故通报后,应以最快速度赶赴事故地点,参与救援抢险工作。

3) 报告内容和要求

(1) 事件发生的时间、地点及事件现场情况。

(2) 事件的简要经过。

(3) 事件已经造成或者可能造成的伤亡人数(包括下落不明的人数)和初步估计的直接经济损失。

(4) 事件发生原因的初步判断。

(5) 采取的应急措施及事件控制情况。

(6) 事件报告单位、报告时间、报告人。

各作业队要及时掌握各类事故事件信息,对于一些事件本身比较敏感或发生在敏感地区、敏感时间,或可能演化为特别重大、重大、特大事故事件信息的报送,不受分级标准限制。

(四) 注意事项

(1) 进入现场救援的人员必须佩戴安全帽。

(2) 现场施救时要将受伤人员移至安全的地方再进行救援。

(3) 如果受伤人员在不易救援的地方,要有可靠的防护措施后才能接近进行救援。

八、车辆伤害事故现场处置方案

(一) 事故风险分析

(1) 事故类型:车辆伤害事故。

(2) 事故发生的区域、地点:施工便道内,施工作业场地内。

(3) 可能发生事故的时间、事故的危害严重程度及其影响范围。

① 可能发生事故的时间:车辆运行过程中。

② 事故的危害严重程度:可造成人员受伤,严重时可造成人员死亡,可造成财产损失。

③ 事故的影响范围:整个标段范围内。

(4) 事故发生的原因:施工便道不平顺、坡道大、弯道多,危险路段无安全警示标志、车辆刹车失灵,驾驶人员无证驾驶、酒后驾驶、疲劳驾驶等。

(二) 应急工作职责

1. 岗位员工职责

(1) 严格遵守交通法规,尤其是在施工区域内要谨慎驾驶。

(2) 事故发生后立即将车辆停下来,检查人员伤亡情况,并对伤员进行急救,同时向应急处置小组汇报事故情况。

(3) 积极配合事故调查单位对事故的调查,如果对事故负有责任要接受相应处罚。

(4) 接收并执行本应急救援领导小组的指令。

2. 部门主管职责

(1) 接到现场员工报告后,应立即赶到现场进行确认。

(2) 组织本部门员工按照现场事故处置措施执行,组织人员抢救伤员、保护事故现场。

(3) 立即向事故应急处置小组报告。

(4) 接收并执行本应急救援领导小组的指令。

3. 应急救援领导小组职责

(1) 负责事故初期的应急自救,包括救治伤员、设立警戒区、应急照明、疏散人员等,尽可能减少事故损失。

(2) 负责应急处置小组人员及各岗位员工的教育培训、演练、调整等。

(3) 负责组建应急自救队伍,配备救援设备和材料。

(4) 负责事故的预警行动和应急响应。

(5) 组织事故调查。

(三) 应急处置

1. 事故应急处置程序

事故发生后,启动应急处置程序,开展事故应急救援,救援完毕进行事故调查、善后处理。

2. 现场应急处置措施

(1) 发生车辆伤害事故后,受伤人员和现场其他人员要展开自救和互救,如果伤员受伤情况不严重,可进行简单包扎、止血后立即送往就近医院或诊所;如果伤员受伤情况严重,现场不能进行有效救助,要立即拨打120救援电话,并做好急救车接应工作。在救援的同时要立即向应急处置小组汇报事故情况。

(2) 应急处置小组接到报告后,要立即启动应急处置方案,指挥现场救援,尽量保护好事故现场。

(3) 现场救援完成后,要立即着手处理伤亡人员善后处理和家属安抚工作,进行事故调查,防止事故再次发生。

3. 事故报告程序及要求

1) 信息上报

发生车辆伤害事故后,现场负责人或作业人员应立即按照项目部报告制度及业主有关规定在最短时间内首先报告项目部,不得迟报、误报和瞒报,项目部专人负责向上级主管部门报告。凡因报告不及时或压制不报而造成严重后果和影响的,按照国家法律法规追究有关人员的责任。

2) 报告方式和时限

对在施工过程中发生的车辆伤害事故,现场人员必须在10分钟内用电话的形式向项目部报告,1小时内以书面形式进行报告。发生重大事故及以上的,在情况确认后,第一时间报告经理部主管领导。有关部门接到事故通报后,应以最快速度立即赶赴事故地点,参与救援抢险工作。

3) 报告内容和要求

(1) 事件发生的时间、地点及事件现场情况。

(2) 事件的简要经过。

(3) 事件已经造成或者可能造成的伤亡人数(包括下落不明的人数)和初步估计的直接经济损失。

(4)事件发生原因的初步判断。

(5)采取的应急措施及事件控制情况。

(6)事件报告单位、报告时间、报告人。

各作业队要及时掌握各类事故事件信息,对于一些事件本身比较敏感或发生在敏感地区、敏感时间,或可能演化为特别重大、重大、特大事故事件信息的报送,不受分级标准限制。

(四)注意事项

(1)伤员救出后转移至安全地带再进行紧急处理。

(2)险情发生后,要立即封锁现场,防止无关人员进入现场发生意外。

附录 A 山地轨道工程施工项目安全生产标准化评价实施细则

评价类目	评价项目	评价方法	标准分值	评价标准		评价记录	得分
				扣分项	否决项		
一、目标与考核（10分）	1.1 目标的制定	项目经理部根据本工程项目安全生产实际，制定总体和年度安全生产目标： 1. 符合或严于相关法律法规的要求； 2. 形成文件，并得到本项目所有从业人员的贯彻和实施； 3. 与项目员工职业安全健康风险相适应； 4. 具有可考核性，体现企业持续改进的承诺； 5. 便于项目员工及相关方获得	查资料： 1. 检查安全生产目标资料； 2. 检查发布安全生产目标的文件； 3. 检查贯彻和实施安全生产目标的相关资料。 询问： 抽查并询问员工是否了解本项目经理部安全生产目标。 现场检查： 现场检查安全生产目标是否充分公开，便于企业员工及相关方获得	3	1. 项目经理部应制定符合要求的安全生产目标； 2. 项目经理部应制定的安全生产目标应正式发布，贯彻和实施			
	1.2 目标的控制与实施	1.2.1 项目经理部根据项目总体目标和年度安全生产目标及分级目标，制定安全生产目标保证措施，并落实到部门、岗位	查资料： 1. 检查细化和分解后的安全生产目标实施措施，应根据项目目标实施情况进行细化并分解到各部门、岗位； 2. 检查项目制定的阶段性安全生产目标保证措施	2	1. 未制定可考核的安全生产目标保证措施，不得分； 2. 制定的安全目标保证措施低于上级单位下达的安全生产目标，不得分			

131

续表

评价类目	评价项目		评价方法	标准分值	评价标准		评价记录	得分
					扣分项	否决项		
一、目标与考核（10分）	1.2 目标的控制与实施	1.2.2 项目经理部结合工程实际情况，严格考核实施安全生产目标保证措施并进行动态调整	查资料：检查实现安全生产目标的保证实施措施文件	2	制定的安全生产目标保证措施不合理，与项目实际情况不符，每处扣0.5分			
	1.3 目标的监督	1.3.1 安全生产管理机构定期对安全生产目标的实施执行情况进行监督，检查与纠偏，并保存有关监测记录	查资料：检查安全生产目标实施执行情况的监测记录	1	安全生产目标实施执行的监测记录不完善，每处扣0.5分			
		1.3.2 项目经理部建立安全生产目标考核与奖惩管理制度，由安全生产管理机构定期对安全生产目标完成情况予以考核与奖惩	查资料：1.检查安全生产目标考核与奖惩管理规定；2.检查安全生产目标考核与奖惩兑现证明材料	2	1.未制定安全生产目标考核与奖惩管理规定，不得分；2.制定的安全生产目标考核与奖惩管理制度内容不完善，扣0.5~1分；3.未进行考核或奖惩，扣1分			
二、管理机构和人员（10分）	2.1 安全生产管理机构	2.1.1 项目负责人为领导小组建立以项目领导小组领导以健全安全生产领导小组至基础岗位的安全生产管理网络	查资料：检查安全生产领导小组成立文件且明确职责	2	1.项目经理部应成立安全生产领导小组，领导小组成员应覆盖项目主要管理人员及相关人员；2.项目经理部应明确安全生产领导小组职责及日常管理部门；3.以上内容应以正式文件形式发布			

附录 A 山地轨道工程施工项目安全生产标准化评价实施细则

续表

评价类目	评价项目	评价方法	标准分值	评价标准		评价记录	得分
				扣分项	否决项		
二、管理机构和人员（10分）	2.1 安全生产管理机构	2.1.2 项目经理部设置安全生产管理机构并配备专职安全生产管理人员	查资料：检查安全生产领导小组成立文件	2	1.项目经理部应成立安全生产领导小组，领导人员及成员相关人员主要管理人员及相关人员；2.项目经理部应明确安全生产领导小组职责及日常管理部门；3.以上内容应以正式文件形式发布			
	2.2 安全管理人员	2.2.1 项目负责人和安全生产管理人员应具备与经营活动和职业卫生知识相适应的安全生产和职业卫生知识与能力，并保持安全生产管理人员的相对稳定	查资料：检查施工项目设置专职安全生产管理机构和专职安全生产管理人员任职的文件	4	1.项目经理部应根据规定设置独立的安全生产管理部门及专职安全生产管理人员，人员不得兼职；2.设置安全生产管理人员及专职安全生产管理人员应以文件形式发布			
		2.2.2 具有一定规模或经评估风险较大的施工项目宜设置安全总监，安全工程师应持有国家注册安全工程师证书和相应的安全生产考核合格证书	查资料：1.检查施工项目安全总监任命书；2.检查安全总监所持的资格证书	2	1.施工项目未设置安全总监，扣2分；2.安全总监未持有国家注册安全工程师证书及公路水运工程施工企业主要负责人和安全生产管理人员考核合格证书，扣0.5分；3.未能提供安全总监任命或聘用文件，扣0.5分			

续表

评价类目	评价项目	评价方法	标准分值	评价标准		评价记录	得分
				扣分项	否决项		
三、安全责任体系（10分）	3.1 健全责任制	项目经理部应建立安全生产责任制，安全生产领导机构，各职能部门、各岗位的安全生产职责，层层签订安全生产责任书，项目经理部班子成员须包保协作队伍和作业班组，并落实到位	查资料：1. 检查项目经理部安全生产责任制文件；2. 检查项目主要负责人、分管安全生产的负责人及其他负责人的安全生产责任是否明确；3. 检查项目经理部各岗位及作业层各岗位的安全生产职责及责任人是否明确。询问：1. 抽查相关岗位人员是否明确安全岗位责任；2. 抽查相关岗位责任人是否清楚本岗位的安全生产职责	10	1. 未建立全员安全生产责任制，不得分；2. 未明确项目负责人、各部门及作业层的安全岗位职责及责任人，扣3分；3. 安全岗位职责及责任人未全覆盖，扣1~2分；4. 相关岗位责任人对本岗位安全生产责任不清楚或知道得不全面，扣2~3分			
四、资质、法规和安全管理制度（80分）	4.1 资质	施工单位安全生产许可证有效	查资料：检查施工单位安全生产许可证	3	1. 总承包单位未取得安全生产许可证或安全许可证过期，不得分；2. 分包、劳务分包单位无安全生产许可证或安全许可证书过期、无效，每个扣0.5分，扣完为止；3. 安全生产许可证失效，扣1~3分			

134

续表

评价类目	评价项目		评价方法	标准分值	评价标准		评价记录	得分
					扣分项	否决项		
四、资质、法律法规和安全管理制度（80分）	4.2 法律法规及标准规范	4.2.1 项目经理部应及时识别、获取适用的法律法规、规范及标准管理制度，明确责任部门，建立清单和文本（或电子）档案，并定期发布	查资料：1.检查项目经理部管理制度文件；2.检查适用的法律法规、规范及其他要求文本（或电子）数据库等；3.检查法规清单更新并发布记录	2	1.未建立识别和获取适用的安全生产其他法律法规、规范标准及管理要求制度，扣1分；2.未建立法规清单和文本档案扣1分，存在遗漏、不适用、过期、失效等每项扣0.1分；3.未及时发布，扣0.5分			
		4.2.2 项目经理部应进行适用的法律法规、规范标准和相关法规要求宣贯，并根据法规标准及要求及时制修订项目安全生产管理制度	查资料：1.检查培训或宣贯记录；2.检查管理制度安全生产文件及修订记录	2	1.未开展法律法规培训宣贯，每项扣1分；2.制度未体现适用的法规要求，未及时修订等，每项扣1分			
	4.3 安全生产管理制度	4.3.1 企业制定的安全生产管理制度应符合国家现行的法律法规的要求	查资料：检查企业安全生产管理规章制度与相应法律法规标准规范的符合性	3	规章制度与法律法规要求不符，每处扣1分			

续表

评价类目	评价项目	评价方法	标准分值	评价标准		评价记录	得分
				扣分项	否决项		
四、资质、法律法规和安全管理制度（80分） 4.3 安全生产管理制度	4.3.2 项目经理部应制定安全生产责任制和考核制度，并逐级签订安全生产责任书	查资料： 1. 检查项目经理部安全生产责任制和考核制度； 2. 检查项目经理部签订的各级安全生产责任书； 3. 检查考核记录； 4. 检查项目安全生产责任制考核结果公示及奖惩情况	3	1. 未建立安全生产责任制及责任制考核制度，未以正式文件形式发布，不得分； 2. 未逐级签订安全生产责任书，扣1分； 3. 安全生产责任书内容未明确各体岗位责任，扣1分； 4. 未定期组织对安全生产责任制履行情况进行考核，扣2分； 5. 考核结果未进行公示，未依据考核结果进行奖惩，扣1分			
	4.3.3 项目经理部应建立安全生产领导小组和安全生产例会制度，会议记录应清晰、全面	查资料： 1. 检查安全生产领导小组会议和安全生产例会制度文件； 2. 检查安全生产会议记录（含影像资料及纪要）	2	1. 未建立安全生产领导小组会议制度规定，未按安全生产例会制度规定召开安全生产例会，不得分； 2. 未按安全生产例会制度规定召开安全生产例会，扣1分； 3. 安全生产例会会议记录不完整、签字不齐全，扣1分； 4. 会议纪要或会议纪要未下发，无落实会议要求的相关记录，扣1分； 5. 无落实会议要求的相关记录，扣1~2分			

附录 A 山地轨道工程施工项目安全生产标准化评价实施细则

续表

评价类目	评价项目	评价方法	标准分值	评价标准		评价记录	得分
				扣分项	否决项		
四、资质、法律法规和安全管理制度（80分）	4.3 安全生产管理制度	4.3.4 安全教育培训制度。 1.项目经理部应制定安全教育培训制度和计划。 2.项目经理、管理人员、专职安全人员、特种人员、转岗人员、新进场从业人员的安全教育培训内容、方法等要求应明确。 3.培训时间、培训内容、参加培训人员的记录应清晰	查资料： 1.检查安全教育培训制度文件； 2.检查项目安全教育培训计划及实施情况； 3.检查安全教育培训学习、计划中关于培训学时、内容、方法的要求； 4.检查安全教育培训记录中相关内容、考核结果和签字情况。 询问： 询问相关岗位人员本岗位应知应会的安全知识	3	1.未建立安全教育培训制度，未以文件形式发布，不得分； 2.未制定安全教育培训计划、未经项目负责人审批后发布实施，不得分； 3.未对安全教育等做出明确要求的，每项扣0.5分； 4.安全教育培训学时、内容缺失或无针对性，扣1分； 5.安全教育培训时间（学时）、内容、参加培训人员记录不清晰，扣1~3分； 6.未建立安全教育培训台账或更新不及时，扣1分； 7.从业人员未经考核合格上岗，或安全教育培训发现1人扣0.5分			

137

续表

评价类目	评价项目	评价方法	标准分值	评价标准		评价记录	得分
				扣分项	否决项		
四、法律法规和安全管理制度（80分）	4.3 安全生产管理制度	4.3.5 安全生产费用管理制度。 1. 项目经理部应制定安全生产费用管理制度，并专款专用，足额提取。 2. 项目经理部应编制安全生产费用使用计划。 3. 项目经理部应建立安全生产费用管理台账。	查资料： 1. 检查安全生产费用管理制度文件； 2. 检查财务专项账户建立情况； 3. 检查安全生产费用使用计划； 4. 检查安全生产费用管理台账、费用明细、使用凭证	3	1. 未建立安全生产费用管理制度，未以文件形式发布，不得分； 2. 未对安全生产费用使用范围做出明确规定，扣1分； 3. 未设立单独的安全生产费用账户，未规范计取、合理计划、计量支付，足额投入，扣1分； 4. 未编制安全生产费用使用计划，扣2分； 5. 安全生产费用使用计划未经项目负责人审批扣1分，计划未按季度（或月）落实扣1分； 6. 未建立安全生产费用管理台账，不得分； 7. 台账不清晰，更新不及时，费用明细不清晰，记录不全面，扣1~2分； 8. 安全生产费用支出项目不符合规定，每发现1项不符合规定，扣1分，扣完为止			

138

附录A 山地轨道工程施工项目安全生产标准化评价实施细则

续表

评价类目	评价项目	评价方法	标准分值	评价标准		评价记录	得分
				扣分项	否决项		
四、资质、法律法规和安全管理制度（80分） 4.3 安全生产管理制度	4.3.6 职业健康管理制度。1. 项目经理部应制定职业健康管理制度。2. 项目经理部应建立健全职业卫生档案和劳动者健康监护档案	查资料：1. 检查职业健康管理制度文件；2. 检查职业（兼）职管理机构和专（兼）职管理人员设置情况；3. 检查职业卫生档案和劳动者健康监护档案；4. 检查职业健康体检机构资质证书；5. 检查职业危害告知情况；6. 检查从事职业危害作业人员的体检报告	5	1. 未制定职业健康管理制度、未以文件形式发布，不得分；2. 未设置职业健康管理机构和专（兼）职管理人员、未明确岗位职责，扣1分；3. 未建立职业卫生档案和劳动者健康监护档案，扣1分；4. 职业健康危害告知相关作业人员、未将职业危害告知作业场所及岗位的作业人员，扣1分；5. 未将职业危害告知作业场所及岗位，扣1分；6. 从事职业危害人员健康监护档案建立不齐全、更新不及时，扣1~2分			
	4.3.7 机械设备设施管理制度。1. 项目经理部应制定施工设备安全生产管理责任制。2. 项目经理部应建立机械设备设施管理制度及台账	查资料：1. 检查项目经理部机械设备设施的管理制度文件；2. 检查机械设备设施台账；3. 检查机械设备设施检验维修记录	6	1. 未建立机械设备设施管理制度、未以文件形式发布，不得分；2. 未建立机械设备设施管理台账，扣2分；3. 未收集机械设备的生产许可证、产品合格证、检验证书、维修记录，每项扣0.5分			

续表

评价类目	评价项目	评价方法	标准分值	评价标准		评价记录	得分
				扣分项	否决项		
四、资质、法律法规和安全生产管理制度（80分）	4.3 安全生产管理制度	3. 项目经理部应建立特种设备管理档案，合账及管理制度，一机一档。 4. 特种设备投入使用前应经具备相应资质的单位检测合格，日常检查维修，保养记录应齐全。 5. 特种设备安装拆除应由具备相应资质的单位承担。 6. 大型模板、承重支架特种设备投入使用前及未列入国家目录的非标准设备，应组织验收。	1. 检查机械设备设施产品合格证、检验证书； 5. 检查项目经理部特种设备管理制度文件； 6. 检查特种设备管理台账及"一机一档"管理档案； 7. 检查特种设备检验记录、日常检查记录、特种设备安拆资质文件； 9. 检查大型模板、承重支架及未列入国家标准特种设备或其主要部件的非标准设备的生产合格证、检验报告、施工方案、验收报告。 1. 根据台账管理档案是否齐全、真实、管理规范； 2. 根据相关记录现场查验特种设备管理情况； 3. 现场查看模板、支架、非标准设备验收情况	6	4. 未建立特种设备管理制度，未以文件形式发布，不得分； 5. 未建立特种设备管理台账、设备有缺漏，扣1分； 6. 特种设备安全技术档案不齐全、真实，管理不规范，扣0.5分； 7. 特种设备未经检验合格投入使用，不得分； 8. 无检验合格报告，日常检查和维修记录扣1分，记录不齐全扣0.5分； 9. 特种设备安装、拆除由不具备相应资质条件的单位承担，扣3分； 10. 每发现1台安装、拆除无方案，扣1分； 11. 生产合格证已失效，扣3分； 12. 现场安装未有专项施工方案、审批、论证不符合要求，扣3分； 13. 模板、支架验收或非标准设备未进行验收，定期未进行检查或检验，记录不齐全，扣1分			

附录 A 山地轨道工程施工项目安全生产标准化评价实施细则

续表

评价类目	评价项目		评价方法	标准分值	评价标准		评价记录	得分
					扣分项	否决项		
四、资质、法律法规和安全生产管理制度（80分）	4.3 安全生产管理制度	4.3.8 危险品安全生产管理制度。 1.项目经理部应制定危险品安全生产管理制度。 2.危险品管理人员应配备到位并持证上岗。 3.危险品进出库及退库台账应清晰，管理措施、使用记录等应符合相关规定。	查资料： 1.检查危险品安全生产管理制度文件； 2.检查危险品管理人员台账，民爆物品从业人员持证情况； 3.检查危险品进出库及退库台账、使用记录； 4.检查爆破工程施工爆炸物品使用许可证等相关批准性文件； 5.检查爆破设计书、施工组织设计文件及其审批手续； 6.检查爆破施工安全技术交底。	2	1.未制定危险品安全生产管理制度，未以文件形式发布，不得分； 2.危险物品未设置专门人员管理，扣1分； 3.民爆物品管理人员未持有效证书，扣1分； 4.未建立危险品进出库台账不得分，危险品进出库台账不全，不连续扣1~2分； 5.未定期对危险品使用、管理情况进行检查，或管理措施不符合要求，扣1~2分； 6.危险品使用记录不全，发现1起扣1分； 7.危险品库存数量与台账记录不符，不得分； 8.爆破施工未经公安机关审批、爆破施工前未发布施工公告，不得分； 9.爆破作业相关审批、备案、登记手续不齐全，扣1~2分；			

续表

评价类目	评价项目	评价方法	标准分值	评价标准		评价记录	得分
				扣分项	否决项		
四、资质、法律法规和安全管理制度（80分）	4.3 安全生产管理制度	4. 爆破工程施工应得到有关部门批准。 5. 项目经理部应按规定编制爆破设计书及施工组织设计	查现场： 1. 根据台账对现场在岗管理人员对应检查； 2. 现场查验危险品管理和出入库情况，管理措施落实情况	2	10. 爆破作业单位的爆破作业单位许可证与作业内容不符，不得分。 11. 未编制爆破设计书及施工组织设计，不得分。 12. 未执行上报、报备、审批等流程，不得分； 13. 未进行爆破作业交底，扣1~2分			
		4.3.9 消防安全制度 1. 项目经理部应制定消防安全制度，绘制消防设施布设图，明确消防责任人。 2. 项目经理部应建立消防器材管理使用台账，消防器具配置及维护应符合相关规定	查资料： 1. 检查消防安全制度文件； 2. 检查消防器材管理使用台账。 查现场： 1. 现场查验消防设施布设图、责任区域、责任人； 2. 现场查验消防器具配置及维护情况	3	1. 未制定消防安全制度并以文件形式发布，不得分； 2. 消防职责或责任人不明确，不得分； 3. 现场未绘制消防设施布设图，扣1分； 4. 未建立消防器材使用台账扣2分，消防器材管理使用台账不完善扣1分； 5. 消防器具配置、检查或维护不符合要求，扣1~2分			

附录 A 山地轨道工程施工项目安全生产标准化评价实施细则

续表

评价类目	评价项目	评价方法	标准分值	评价标准		评价记录	得分
				扣分项	否决项		
四、资质、法律法规和安全管理制度（80分）	4.3 安全生产管理制度	4.3.10 安全检查制度。1.项目经理部应制定安全检查制度。2.项目经理部应明确定期、专项安全检查的时间、频率、责任人、检查内容，实施要求等。	查资料：1.检查安全检查制度文件；2.检查安全日期、专项安全检查计划等；3.检查安全检查记录、通报及其整改回执。	3	1.未建立安全检查制度并以文件形式发布，不得分；2.未明确检查频次、检查内容及形式，扣2分；3.未制定定期、专项安全检查计划，扣2分；4.安全检查时间、责任人、检查内容，实施要求不明确，扣1分。			
		4.3.11 项目经理部制定安全奖惩考核制度，制度中应明确奖惩的条件及方式。	查资料：1.检查安全奖惩考核制度文件；2.检查文件中关于奖惩的条件及方式要求；3.检查安全奖惩考核记录或记录；4.检查财务部门奖惩款项账务记录。	2	1.未建立安全奖惩考核制度并以文件形式发布，不得分；2.未明确奖惩的条件及方式，扣1分；3.安全奖惩考核制度不执行的，不得分；4.安全奖惩考核制度执行不到位，扣1分；5.安全奖惩领导签字、经相关领导签字、未经相关方安全生产管理制度，不得分。			
		4.3.12 项目经理部应制定相关方安全生产管理制度。	查资料：1.检查相关方安全生产管理文件；	2	1.未建立相关方安全生产管理制度，不得分；			

143

续表

评价类目	评价项目	评价方法	标准分值	评价标准 扣分项	否决项	评价记录	得分
四、资质、法律法规和安全管理制度（80分）	4.3 安全生产管理制度	4.3.12 项目经理部应制定相关方安全生产管理制度	2. 检查与相关方的安全协议； 3. 检查相关方管理制度对相关方的告知情况	2	2. 相关方安全生产管理制度未对相关单位和个人进行告知，扣1分； 3. 未与相关方签订专门的安全协议，不得分			
		4.3.13 项目经理部应安全生产事故报告和调查制度	查资料：检查安全生产事故报告和调查制度文件	2	1. 未建立安全生产事故报告和调查制度，未以文件形式发布，不得分； 2. 制度内容不齐全，不符合相关规定，扣1分； 3. 未向各部门、各施工队伍从业人员告知安全生产事故报告的程序，扣1分			
		4.3.14 值班值守和巡逻制度。项目经理部应制定值班值守和巡逻制度，与所在地气象、水利、自然资源、应急管理等政府部门建立联系机制	查资料：检查值班值守和巡逻制度文件	2	1. 未建立值班值守和巡逻制度，未以文件形式发布，不得分； 2. 未制定值班值守和巡逻计划，扣1分； 3. 项目经理部应与所在地气象、水利、自然资源、应急管理等政府部门建立联系机制			

附录 A 山地轨道工程施工项目安全生产标准化评价实施细则

续表

评价类目	评价项目		评价方法	标准分值	评价标准		评价记录	得分
					扣分项	否决项		
四、资质、法律法规和安全管理制度（80分）	4.3 安全生产管理制度	4.3.15 安全技术交底制度。项目经理部应制定安全技术交底制度	查资料：检查安全技术交底制度文件	2	1.未建立安全技术交底制度，不得分；2.制度未以文件形式发布，扣2分			
		4.3.16 项目经理部应建立大型施工设备准入管理制度，明确管理流程	查资料：1.检查大型施工设备准入管理制度文件；2.制度中应明确管理流程	2	1.未建立大型施工设备准入管理制度，不得分；2.制度未以文件形式发布，扣2分；3.制度未明确管理流程，扣1分			
		4.3.17 项目经理部应建立项目负责人带班制度	查资料：1.检查项目负责人带班制度文件；2.检查项目负责人带班计划	2	1.未建立项目负责人带班制度，不得分；2.制度未以文件形式发布，扣2分；3.未制定项目负责人带班计划			
		4.3.18 项目经理部应依法健全建立安全生产风险管控制度	查资料：检查安全生产风险管控制度文件	3	1.未建立安全生产风险识与评价工作制度，不得分；2.未开展风险辨识与评价工作，未建立风险源清单和重大风险源清单，扣2分；3.风险源识别不全面，风险评价不客观，不符合实际，扣1分			

续表

评价类目	评价项目	评价方法	标准分值	评价标准		评价记录	得分
				扣分项	否决项		
四、资质、法律法规和安全管理制度（80分） 4.3 安全生产管理制度	4.3.19 隐患排查治理制度。1. 项目经理部应制定隐患排查工作方案，明确发现的隐患排查频率，应对发现的隐患进行分析，制定针对性的隐患治理措施。2. 挂牌督办的重大安全隐患应按相关规定及时整改并销号。3. 项目经理部检查、整改应有书面记录，并形成闭环管理	查资料：1. 检查隐患排查治理制度文件；2. 检查隐患排查工作方案；3. 检查有关隐患排查治理闭环情况的资料。查现场：现场检查安全隐患是否整改到位	3	1. 未制定隐患排查工作方案，扣2分；2. 方案未以文件形式发布，扣1分；3. 未按规定的频率开展隐患排查，扣1~2分；4. 未建立隐患台账，对隐患进行分析或上报不及时，扣1分；5. 未制定隐患治理措施，扣1分；6. 未形成书面安全检查记录，扣1分；7. 未定期下发书面安全检查通报，扣1~2分；8. 无书面安全检查记录，扣1~2分；9. 安全检查整改不合格，扣1~2分			
4.4 操作规程	4.4.1 项目经理部应制定各岗位操作规程，操作规程应满足国家和行业相关标准规范的要求	查资料：1. 检查岗位安全生产操作规程；2. 抽查安全生产关键岗位安全生产操作规程能否满足相关的国家和行业标准规范；	8	1. 未制定现场作业岗位操作规程不得分，操作规程不符合相关标准规范要求扣4分，操作规程不符合企业实际状况扣2分；			

附录 A　山地轨道工程施工项目安全生产标准化评价实施细则

续表

评价类目	评价项目		评价方法	标准分值	评价标准		评价记录	得分
					扣分项	否决项		
四、资质、法律法规和安全管理制度（80分）	4.4 操作规程	4.4.1 项目经理部应制定各岗位操作规程，操作规程应满足国家和行业相关标准规范的要求	3.核查操作规程是否符合企业实际情况	8	2.操作规程未包含安全作业相关要求，扣1分			
		4.4.2 项目经理部应在新技术、新材料、新工艺、新设备施投产或投用前，组织编制相应的操作规程，保证其适用性	查资料： 检查与四新相关的操作规程，并评价其符合性、适用性。 现场检查结合询问： 现场检查并询问企业新技术、新材料、新工艺、新设备设施投产或使用情况	2	1.未编制或未在四新投产用前编制相应操作规程，每次扣2分； 2.操作规程存在不符合、不适用的问题，每处扣1分； 3.操作规程未包含安全作业相关要求，每次扣1分			
		4.4.3 项目经理部应及时将操作规程发放到相关岗位，组织对从业人员进行操作规程培训	查资料： 检查岗位安全操作规程的发放记录、学习培训记录。 现场检查： 现场检查现场操作重点岗位是否配备相应的岗位操作规程。 询问： 抽查现场作业重点岗位人员不少于3人，询问是否熟悉本岗位操作规程	3	1.未及时发放操作规程或操作规程发放不到位，每个岗位扣2分； 2.未开展岗位操作培训学习，每人次扣1分； 3.重要岗位操作人员不熟悉岗位操作规程，每人次扣2分			

续表

评价类目	评价项目	评价方法	标准分值	评价标准		评价记录	得分
				扣分项	否决项		
四、资质、法律法规和安全管理制度（80分）	4.5 修订 项目经理部应定期对安全生产管理制度和操作规程进行评审，并根据评审结论及时进行修订，确保其有效性、适应性和符合性。在发生以下情况时，应及时对相关的管理制度或操作规程进行评审、修订： ——国家相关法律、法规、标准废止、修订或新颁布； ——项目经理部组织归属、体制、规模发生重大变化； ——生产设施新建、改建、扩建模及重大改变； ——设备设施发生变更； ——作业工艺、危险有害特性发生变化； ——政府相关行政部门提出整改意见； ——安全评价、风险评估、体系认证、分析事故原因，安全检查发现涉及规章制度、操作规程的问题； ——其他相关事项	查资料： 检查对安全生产管理制度和操作规程进行有效性、适应性、符合性评审和修订的相关记录。 现场检查结合询问： 现场检查并询问了解是否发生需要修订制度或规程的情况	3	1. 未对管理制度、操作规程定期进行有效性、适应性、符合性评审，导致不满足法律法规要求，不得分； 2. 未及时开展修订，每个扣1分			

附录 A 山地轨道工程施工项目安全生产标准化评价实施细则

续表

评价类目	评价项目		评价方法	标准分值	评价标准		评价记录	得分
					扣分项	否决项		
四、资质、法律法规和安全管理制度（80分）	4.6 制度执行及档案管理	4.6.1 项目经理部至少每年检查一次安全生产制度、法规、标准、规章制度、操作规程的执行情况	查资料：1.检查对适用的安全生产法律、法规、标准、规章制度、操作规程的执行情况进行检查或评价的记录、报告等；2.检查对检查评价出的不符合项进行原因分析、制定相应纠正措施并组织实施的记录或依据证据资料	2	1.未开展法规符合性检查或评价不得分，检查内容不齐全不完善每项扣1分；2.对检查或评价出的不符合项未进行原因分析，每项扣1分；3.未制定纠正措施，或纠正措施不落实，每项扣1分			
		4.6.2 项目经理部应建立和完善各类台账和档案，并按要求及时报送有关信息和资料	查资料：1.检查安全生产过程的各类记录，台账和档案等；2.检查企业按要求报送的有关资料和信息	2	1.未按照法律法规要求建立台账和档案，每项扣0.5分；2.记录台账等保存不完善，每缺1项扣0.5分；3.未及时报送有关资料和信息，每次扣0.5分			
五、安全投入（20分）	5.1 资金投入	5.1.1 项目经理部应按规定足额提取（列支）安全生产费用	查资料：1.检查安全生产费用管理制度文件；2.检查安全生产费用台账；3.检查财务安全费用列支记录	5	1.未编制安全生产费用管理制度，制度中未包含职责、提取比例、使用范围、监督检查等内容，不得分；2.安全生产费用提取比例不满足规定要求，不得分			

149

续表

评价类目	评价项目		评价方法	标准分值	评价标准		评价记录	得分
					扣分项	否决项		
五、安全投入（20分）	5.1 资金投入	5.1.2 安全生产经费应专款专用，项目经理部应保证安全生产投入的有效实施	查资料： 1. 检查安全生产费用管理制度文件； 2. 检查安全生产费用台账； 3. 检查安全生产费用使用原始票据。 询问： 询问安全管理部门和财务管理部门安全生产费用的使用情况	2	1. 未明确责任部门或专人负责安全生产费用管理，不得分； 2. 未按规定范围使用（超范围使用或挪用）不得分			
		5.1.3 项目经理部应及时投入满足安全生产条件的所需资金	查资料： 1. 检查安全生产费用使用计划； 2. 检查安全生产费用台账。 询问： 询问安全生产费用管理部门安全生产费用使用情况。 现场检查： 现场检查国家法律法规、标准规范要求的安全防护设备设施、劳动防护用品、人员设置等配备及投入情况	3	1. 未制定安全生产费用使用计划，扣1分； 2. 安全生产费用使用计划内容缺失，每缺1个方面扣0.5分； 3. 未按照法律法规、标准规范要求和监管部门提出的安全措施进行投入，每项扣0.5分			

续表

评价类目	评价项目	评价方法	标准分值	评价标准		评价记录	得分
				扣分项	否决项		
五、安全投入（20分） 5.2 费用管理	5.2.1 项目经理部应编制安全生产费用使用计划	查资料：检查安全生产费用使用计划	4	1. 未编制安全生产费用使用计划，扣2分； 2. 安全生产费用使用计划未经项目负责人审批扣1分，未按季度（或月）落实扣1分			
	5.2.2 项目经理部应建立安全生产费用台账	查资料：检查安全生产费用台账、费用明细、使用凭证	4	1. 未建立安全生产费用台账，扣4分； 2. 台账明细不清晰，费用明细不清楚，更新不及时，记录不全面，扣1~2分； 3. 安全生产费用支出项目不符合规定，每发现1项扣1分，扣完为止			
	5.2.3 项目经理部应跟踪、监督安全生产费用使用情况。安全生产费用应按照"足额提取、政府监管、确保需要、规范使用"的原则进行管理，安全生产费用应按照以下范围使用：	查资料： 1. 检查安全生产费用管理制度文件； 2. 检查安全生产费用台账； 3. 检查财务安全费用列支记录	2	1. 企业未按规定定期对安全生产费用使用情况进行监督检查，扣2分； 2. 企业无安全生产费用监督检查记录，每缺少1次扣1分			

续表

评价类目	评价项目	评价方法	标准分值	评价标准		得分
				扣分项	否决项 评价记录	
五、安全投入（20分）	5.2 费用管理	a.完善、改造和维护安全防护设施设备支出（不含"三同时"要求初期投入的安全设施），包括施工现场临时用电系统、洞口或临边防护、高处作业或交叉作业防护、临时安全防护、支护及防治边坡滑坡、工程有害气体监测和通风、保障安全的机械设备，以及防火、防爆、防触电、防尘、防毒、防雷、防台风、防地质灾害设施设备等支出； b.应急救援技术装备、设施配置及维护保养支出，事故逃生和紧急避难设施设备的配置和应急救援队伍建设、应急预案制修订与应急演练支出； c.开展施工现场重大危险源监测、评估、监控支出，安全风险分级管控和事故隐患排查整改支出，工程项目安全生产信息化建设、运维和网络安全支出；	查资料： 1.检查安全生产费用管理制度文件； 2.检查安全生产费用台账； 3.检查财务安全费用列支记录	2	1.企业未按规定定期对安全生产费用使用情况进行监督检查，扣2分； 2.企业无安全生产费用监督检查记录，每缺少1次扣1分		

152

附录 A 山地轨道工程施工项目安全生产标准化评价实施细则

续表

评价类目	评价项目	评价方法	标准分值	评价标准		评价记录	得分
				扣分项	否决项		
五、安全投入(20分)	5.2 费用管理	d. 安全生产检查、评估评价(不含新建、改建、扩建项目安全评价)、咨询和标准化建设支出； e. 配备和更新现场作业人员安全防护用品支出； f. 安全生产宣传、教育、培训和从业人员发现并报告事故隐患的奖励支出； g. 安全生产适用的新技术、新标准、新工艺、新装备的推广应用支出； h. 安全设施及特种设备检测检验、安全生产责任保险支出； j. 与安全生产直接相关的其他支出					
		查资料： 1. 检查安全生产费用管理制度文件； 2. 检查安全生产费用台账； 3. 检查财务安全费用列支记录	2	1. 企业未按规定定期对安全生产费用使用情况进行监督检查，扣2分； 2. 企业无安全生产费用监督检查记录，每缺少1次扣1分			
六、教育培训(40分)	6.1 培训管理	6.1.1 项目经理部应按规定开展安全教育培训，明确安全教育培训目标、内容和要求，定期识别安全教育培训需求，制定并实施安全教育培训计划					
		查资料： 1. 检查安全教育培训制度文件； 2. 检查安全教育培训需求识别、汇总及分析资料； 3. 检查安全教育培训计划	2	1. 未制定安全教育培训制度，不得分； 2. 安全教育培训内容未明确培训主管部门，培训需求和培训计划的制定等，每项扣1分； 3. 未定期识别培训需求，扣2分；			

续表

评价类目	评价项目		评价方法	标准分值	评价标准		评价记录	得分
					扣分项	否决项		
六、教育培训（40分）	6.1 培训管理	6.1.1 项目经理部应按规定开展安全教育培训，内容教育培训目标，明确安全教育培训目标，定期识别安全教育培训需求，制定并实施安全教育培训计划	查资料：1.检查安全教育培训制度文件；2.检查安全教育培训需求识别、汇总及分析资料；3.检查安全教育培训计划	2	4.未根据培训需求制定培训目标，培训计划，扣2分；5.培训计划内容未覆盖生产经营范围，不具有操作性，每项扣1分			
		6.1.2 项目经理部应组织安全教育培训，保证安全教育培训所需人员、资金和设施	查资料：1.检查安全教育培训计划和记录；2.检查安全费用投入计划。现场检查：询问管理、现场不同岗位1~3人接受安全教育培训的情况	2	1.未按照培训计划开展安全教育培训，每项（或人）扣1分；2.培训所需的必要人员、资金和设施未得到保证，每项扣1分			
		6.1.3 项目经理部应做好安全教育培训记录，建立安全从业人员安全教育培训档案	查资料：1.检查各类安全教育培训的记录；2.检查安全从业人员安全培训档案	5	1.未对安全教育培训做好记录，每缺1次扣1分；2.安全教育培训档案不准确（培训时间、培训内容、主讲老师、参训人员、考核结果），每项扣0.5分			
		6.1.4 项目经理部应组织对培训效果的后评估，提高培训质量	查资料：1.检查安全教育培训计划和记录；2.检查培训效果评估记录、改进措施相关文件	2	1.无培训效果评估及改进措施，每项扣1分；2.培训效果评估不真实或改进措施不具体，每项扣0.5分			

附录 A 山地轨道工程施工项目安全生产标准化评价实施细则

续表

评价类目	评价项目		评价方法	标准分值	评价标准		评价记录	得分
					扣分项	否决项		
六、教育培训(40分)	6.2 资格培训	6.2.1 施工现场的特种设备作业人员应按有关规定参加安全教育培训,取得特种设备作业人员证后,方可从事相应的特种设备作业或者管理工作,并按规定定期进行复审	查资料: 1. 检查特种设备台账; 2. 检查特种设备作业人员台账; 3. 检查特种作业人员的特种设备作业人员证	5	1. 特种设备作业人员未取得特种设备作业人员证,不得分; 2. 特种设备作业人员证未定期复审,扣2分; 3. 未建立特种作业人员台账(内容包括作业工种、姓名及特种设备作业人员证编号、初次取证时间,复审时间,有效期等),扣2分			
		6.2.2 施工现场的特种作业人员应经专门的安全技术培训并考核合格,取得特种作业操作证后,方可上岗作业。离开特种作业岗位6个月以上的特种作业人员,应经重新进行实际操作考试,经确认合格后方可上岗作业	查资料: 1. 检查特种作业人员台账; 2. 检查特种作业操作证	5	1. 特种作业人员未持证上岗或特种作业操作证到期未进行复审,每人扣1分; 2. 离开特种作业岗位6个月以上的实际作业人员,未重新进行上岗作业考试,经确认合格后上岗作业,每人扣1分; 3. 未建立特种作业人员台账(内容包括特种作业工种、姓名及特种作业操作证编号、初次取证时间,复审时间,有效期等),每缺1人扣1分			

续表

评价类目	评价项目	评价方法	标准分值	评价标准		评价记录	得分
				扣分项	否决项		
六、教育培训（40分）	6.3 宣传教育	项目经理部应组织开展安全生产法律、法规和安全生产知识的宣传、教育	查资料：检查安全生产法律法规、标准及其他要求宣传、培训相关记录资料。询问：询问1~3人接受安全生产的法律、法规的宣传和安全生产知识的宣传、教育情况	2	1. 无安全生产法律法规、标准及其他要求宣传、培训相关记录资料（培训通知、培训签到表、培训记录表、培训效果评估），不得分； 2. 至少随机抽查1~3名人员，不熟悉本岗位适用的安全生产法律法规、标准及其他要求，每人次扣1分			
	6.4 从业人员培训	6.4.1 未经安全生产培训合格的从业人员，不得上岗作业	查资料： 1. 检查从业人员安全教育培训档案； 2. 检查企业从业人员档案	2	1. 新进人员，未经培训合格上岗作业，每人次扣1分； 2. 生产经营单位的主要负责人和安全生产管理人员经主管安全生产监督管理职责的部门对其安全生产知识和管理能力考核合格，每人次扣1分			
		6.4.2 从业人员每年接受再培训，培训时间不得少于规定学时	查资料：检查从业人员安全培训教育档案	2	1. 企业年度安全教育培训计划未明确从业人员每年接受再培训，扣2分；			

附录 A 山地轨道工程施工项目安全生产标准化评价实施细则

续表

评价类目	评价项目		评价方法	标准分值	评价标准		评价记录	得分
					扣分项	否决项		
六、教育培训（40分）	6.4 从业人员培训	6.4.2 从业人员应每年接受再培训，培训时间不得少于规定学时	查资料：检查从业人员安全培训教育档案	2	2. 未按照培训计划要求组织开展从业人员年度再培训，每少1人次扣2分；3. 从业人员年度再培训时间少于规定学时，每少1人扣1分			
		6.4.3 对离岗一年重新上岗、转换工作岗位的人员，应进行岗前培训。培训内容包括安全法律法规、安全生产管理制度、岗位操作规程、风险和危害告知等，与新岗位安全生产要求相符合	查资料：检查从业人员安全教育培训档案	2	对离岗一年重新上岗、转换工作岗位的人员未进行岗前安全教育培训，每人次扣1分			
		6.4.4 应对新员工进行三级安全教育培训，经考核合格后，方可上岗。培训时间不得少于规定学时	查资料：1. 检查对新员工的三级安全教育培训记录；2. 检查三级安全教育培训后的考核记录；3. 检查员工名册，必要时抽查劳动合同	5	1. 未对新员工进行三级安全教育培训，每人次扣1分。2. 存在三级安全教育培训考核不合格上岗员工，每人次扣1分；3. 三级安全教育培训学时少于24学时，每人次扣1分			

续表

评价类目	评价项目		评价方法	标准分值	评价标准		评价记录	得分
					扣分项	否决项		
六、教育培训（40分）	6.4 从业人员培训	6.4.5 项目经理部使用被派遣劳动者的，应纳入从业人员统一管理，进行岗位安全操作规程和安全操作技能的教育和培训	查资料： 1. 检查劳务派遣人员名单； 2. 检查安全教育培训档案	2	劳务派遣人员未进行岗位安全操作规程和安全操作技能教育和培训，每人次扣1分			
		6.4.6 应在新技术、新设备投入使用前，对管理和操作人员进行专项培训	查资料： 1. 检查新技术、新设备投入使用的资料； 2. 检查安全教育培训档案。 询问： 现场询问新技术、新设备岗位人员培训情况	2	1. 新技术、新设备投入使用前，未对管理和操作人员进行专项培训，每人次扣2分； 2. 专项培训记录档案资料不完善，每人次扣1分			
	6.5 规范档案	项目经理部应当建立安全生产教育和培训档案，如实记录安全生产教育和培训的时间、内容、参加人员以及考核结果等情况	查资料： 1. 检查教育和培训计划和记录； 2. 检查培训效果评估记录、改进措施相关文件。 现场检查： 询问1~3人接受安全生产教育的情况	2	1. 无教育和培训档案记录，不得分； 2. 教育和培训档案记录不真实，不准确（培训人员的时间、内容，参加人员以及考核结果），每处扣1分			

附录 A 山地轨道工程施工项目安全生产标准化评价实施细则

续表

评价类目	评价项目		评价方法	标准分值	评价标准		评价记录	得分
					扣分项	否决项		
七、作业安全（500分）	7.1 安全生产条件	7.1.1 施工单位安全生产许可证应有效	查资料：检查施工单位安全生产许可证	10	1. 总承包单位未取得安全生产许可证或安全生产许可证过期，扣3分； 2. 专业分包、劳务分包单位无安全生产许可证或证书过期、无效，每个扣0.5分，扣完为止； 3. 安全生产许可证失效，扣1～3分			
		7.1.2 从业人员资格条件。 1. 项目负责人及专职安全管理人员应持有相应的安全生产考核合格证书。 2. 施工现场应按规定足额配备专职安全员。 3. 特种作业人员应持证上岗	查资料： 1. 检查安全生产管理人员台账及人事任命（聘用）文件； 2. 检查合格证书等相关证明； 3. 检查实施性施工组织设计中项目概况、安全风险情况、施工难度等内容； 4. 检查上级单位下达的施工项目年度施工产值计划文件； 5. 检查安全生产管理人员（聘用）的专职安全管理人员数量、分工情况记录	5	1. 发现未持有效证书，每发现1人扣1分，扣完为止； 2. 人员所持证书与其岗位不相符，每发现1人扣1分，最多扣4分			

159

续表

评价类目	评价项目	评价方法	标准分值	评价标准 扣分项	评价标准 否决项	评价记录	得分
七、作业安全(500分) 7.1 安全生产条件	7.1.2 从业人员资格条件。 1. 项目负责人及专职安全管理人员应持有相应的安全生产考核合格证书。 2. 施工现场应按规定足额配备专职安全员。 3. 特种作业人员应持证上岗。	6. 特种作业工种类别、台账中工种类别、数量应满足实际施工需要； 7. 检查特种作业人员证件。 询问： 1. 询问安全生产管理人员专业知识和业务能力情况； 2. 询问专职安全管理人员实际数量等情况。 3. 抽查现场在岗特种作业人员持证上岗情况	5	3. 特种作业人员未持有效证书，发现1人扣1分，最多扣4分； 4. 未建立特种作业人员动态台账，扣1分； 5. 特种作业人员动态台账内容不完善，扣0.5~1分。			
	7.1.3 人身保险。 1. 项目经理部应对从业人员做好用工登记，并应为从业人员办理工伤保险。 2. 项目经理部应对从业人员作业期间办理意外伤害险。 3. 项目经理部应投保安全生产责任险。	查资料： 1. 检查从业人员用工登记台账及劳务合同签订等相关情况； 2. 检查从业人员缴纳工伤保险情况； 3. 检查从业人员意外伤害险缴费凭证等； 4. 检查安全生产责任险的投保合同、缴款凭证等	5	1. 未建立从业人员用工登记台账扣1分，台账内容不完善扣1分； 2. 从业人员未签订劳务、劳动用工合同，扣1分； 3. 从业人员未办理工伤保险，扣2分； 4. 从业人员未办理意外伤害保险，扣2分； 5. 从业人员安全覆盖范围未覆盖1~2分，未办理或保险期不连续扣1~2分，未办理安全生产责任保险扣2分			

附录 A　山地轨道工程施工项目安全生产标准化评价实施细则

续表

评价类目	评价项目	评价方法	标准分值	评价标准		评价记录	得分
				扣分项	否决项		
七、作业安全（500分）	7.1 安全生产条件	7.1.4 施工作业手续。项目经理部应根据工程实际，按规定办理跨线施工、交通管制及水上水下作业的相关安全许可手续	查资料：检查项目经理部办理相关安全许可手续的记录资料。查现场：检查是否存在跨线或涉线施工作业	5	1. 未按规定办理相关施工作业安全许可手续，每发现1处扣1分，扣完为止；2. 施工作业安全许可手续不齐全，扣1分			
	7.2 安全技术管理	7.2.1 施工组织设计。1. 项目经理部应按相关规定编制施工组织设计。施工组织设计中应有安全技术措施。2. 施工技术设计应经施工企业技术负责人审核、签认，审批手续齐全	查资料：1. 检查施工组织设计；2. 检查施工组织设计审批记录	5	1. 未编制施工组织设计，扣5分；2. 施工组织设计中无安全技术措施，扣3分；3. 安全技术措施内容不全、操作性不强，扣1~5分；4. 施工组织设计未经企业技术负责人审核、签认，扣5分；5. 施工组织设计审批手续不完善，扣1~3分			
		7.2.2 专项施工方案。1. 项目经理部应按相关规定编制危险性较大的分部分项工程专项施工方案。方案中安全措施应操作性强、内容齐全。	查资料：1. 检查危险性较大的分部分项工程专项施工方案；2. 检查方案及修改后方案审批、论证记录。	5	1. 项目经理部未建立危险性较大的分部分项工程台账，不得分。2. 危险性较大的分部分项工程专项施工方案编制内容不符合要求，扣3~5分；			

161

续表

评价类目	评价项目	评价方法	标准分值	评价标准 扣分项	评价标准 否决项	评价记录	得分
七、作业安全（500分）	7.2 安全技术管理	2. 专项施工方案应按规定进行审批和论证。项目经理部不得擅自修改、调整专项施工方案，如因设计、结构变化确需修改的，外部环境改变等原因发生变化需修改的，应按规定重新审核、批准、论证。 3. 项目经理部应按规定编制临时用电组织设计或编制临时用电方案，审批手续应齐全	3. 检查临时用电组织设计或临时用电方案编制和审批情况； 4. 检查临时用电组织设计变更手续	5	3. 专项施工方案中安全措施不具有针对性和可操作性，扣1~3分			
	7.2.3 技术交底 1. 项目经理部逐级交底应记录清晰，签字齐全，内容应有针对性。 2. 项目经理部应建立交底台账	查资料： 1. 检查交底记录； 2. 检查交底台账	10	技术交底资料不全，针对性、未逐级交底不真实、签字不齐全等，发现1处扣2分，扣完为止			
	7.3 施工现场布设 7.3.1 施工驻地。 1. 施工驻地选址、设计和建设必须编制专项方案，确保满足消防及防洪、防泥石流、防滑坡、防坍塌、防风、防雷电、防中毒、防雪灾等防灾安全要求，经洪涝、地质灾害危险性评估。	查资料： 1. 检查施工驻地危险性评估报告； 2. 检查临时设施验收记录、临时设施建设方案、危险源及环境因素辨识评价表；	25	1. 未编制临时设施建设方案，扣1~2分； 2. 方案中无选址安全性评价内容，扣1分； 3. 方案未经审批，扣1分； 4. 场地使用前无验收记录，扣1分； 5. 未将办公区、生活区、作业区分开设置，扣1~3分；			

附录 A 山地轨道工程施工项目安全生产标准化评价实施细则

续表

评价类目	评价项目	评价方法	标准分值	评价标准		评价记录	得分
				扣分项	否决项		
七、作业安全(500分)	7.3 施工现场布设	2.办公区、生活区、作业区应分开设置，选址应符合相关规定，布局合理，办公区和生活区应封闭管理。 3.办公区、生活区不得存放易燃易爆危险品。 4.职工的膳食、饮水、休息场所，医疗救助设施等应当符合安全卫生标准。 5.装配式房屋应有合格证书，其安全性应符合相关规定	3.检查职工宿舍、办公区、食堂安全与卫生管理制度和食堂工作人员健康体检证明； 4.检查自取生活饮用水的检测报告。 5.检查装配式房屋生产厂家资质证明、产品合格证、材质证明、检测报告，安全施工说明及使用说明书等材料； 6.检查装配式房屋的安全验收记录。 现场： 1.现场查验办公区、生活区、作业区设置及封闭管理情况； 2.现场查验办公区、生活区内设情况、存放物品情况； 3.检查休息场所设置及基本设施配置； 4.检查医疗救助设施是否齐全有效，是否能满足本项目需要	25	6.生产、生活区设置不合理，未按规定封闭设置，扣2分； 7.发现办公区、生活区内存放易燃危险品，扣3分； 8.生产、生活区域距离不满足要求，扣1~3分； 9.未制定职工宿舍、办公区、食堂安全与卫生管理制度，扣1分； 10.食堂未办理卫生许可证扣1分，工作人员未办理健康体检证明，扣1分； 11.未对自取饮用水进行检测，并留存检测报告，扣1分； 12.未设置休息场所和配置基本设施，扣0.5分； 13.未配置医疗救助设施或设施不满足要求，扣0.5分； 14.装配式房屋厂家资质证书、产品合格证、材质说明、检测报告、安全施工说明及使用说明书等材料不齐全，每项扣1分扣完为止； 15.房屋使用前无验收记录，扣1~2分			

续表

评价类目	评价项目	评价方法	标准分值	评价标准		评价记录	得分
				扣分项	否决项		
七、作业安全(500分)	7.3 施工现场布设	7.3.2 钢筋加工场、拌合站、预制场。 1. 钢筋加工场、预制场、拌合站等选址划分应符合安全、环保要求，区域划分应合理，标识明显；其安装、拆除应符合相关规定。 2. 拌合站、预制场地面应硬化，周边应采取排水系统应完善。 3. 构件存放层数和间距符合相关规定，并采取有效的防倾覆措施。 4. 防雨棚应稳固。 5. 张拉作业应有安全防护措施，设立警戒区。 6. 施工现场搅拌设备检修清理料仓时，应停机并切断电源，应设置明显标志并应有专人看守。	查资料： 1. 检查钢筋加工场、预制场、拌合站建设方案、验收记录、危险源及环境因素辨识记录； 2. 检查拌合站、预制场和钢筋加工场建设方案中关于场地硬化及排水系统的设计内容、验收记录； 3. 检查施工方案、技术交底中构件存放层数、间距、防倾覆措施等相关要求； 4. 检查防雨棚材料合格证、设计文件、安装使用说明及验收记录； 5. 检查施工方案、技术交底中关于张拉作业安全防护措施和警戒区域相关要求； 6. 检查管理制度、技术交底、设备操作规程中关于搅拌设备检修清理时的相关要求。	40	1. 未编制和审批场、站建设和拆除方案，扣1~2分； 2. 未按方案建设，扣1~3分； 3. 使用前未验收并形成记录，扣1~2分； 4. 站、场区域划分不合理，标识不明显，扣2分； 5. 站、场选址不符合职业卫生及环保要求，每项扣3~5分； 6. 场、站建设方案中未对类型地硬化及排水设施的质量标准提出要求，扣2分； 7. 场地未硬化，扣1分； 8. 场、站排水系统不符合要求，扣1分； 9. 施工方案、技术交底中对构件存放层数、间距、防倾覆措施等提出明确要求，扣1~3分； 10. 构件存放不符合规范要求，每处扣1~2分；			

续表

评价类目	评价项目	评价方法	标准分值	评价标准		评价记录	得分
				扣分项	否决项		
七、作业安全（500分）	7.3 施工现场布设	7.3.2 钢筋加工场、拌合站、预制场。 1. 钢筋加工场、预制场、拌合站等选址应符合安全、环保要求，区域划分应合理，标识明显；其安装、拆除应符合相关规定。 2. 拌合站、预制场和钢筋加工场地面应硬化，周边排水系统应完善。 3. 构件存放层数和间距应符合相关规定，并应采取有效的防倾覆措施。 4. 防雨棚应稳固。 5. 张拉作业应有安全防护措施，设立警戒区。 6. 施工现场搅拌设备检修、清理料仓时，应停机并切断电源，应设置明显标志并应有专人看守。	查现场： 1. 现场查验钢筋加工场、预制场、拌合站选址及建设是否合理，并符合安全、环保要求； 2. 现场查验拌合站、预制场和钢筋加工场硬化、排水系统与方案是否一致； 3. 现场查验构件存放及防倾覆措施情况； 4. 现场查验雨棚安装、稳固情况； 5. 现场查验张拉作业安全防护措施； 6. 查现场查验检修、清理工作单，警示标志并设置情况	40	11. 无防倾覆措施，每处扣1~2分； 12. 防雨棚无材料合格证、设计文件、安装使用说明等资料，扣1分； 13. 无验收记录，扣1分； 14. 现场查验防雨棚不稳固，或无加固措施，扣1~2分； 15. 施工方案、技术交底中未明确张拉作业区域防护措施和警戒区域相关要求，扣1分； 16. 张拉作业现场无防护措施或未交底区域，扣1~3分； 17. 张拉作业警戒区域设置不符合方案或交底要求，扣1分			

续表

评价类目	评价项目	评价方法	标准分值	评价标准		评价记录	得分
				扣分项	否决项		
七、作业安全（500分）	7.3 施工现场布设	7.3.3 临时用电。 1. 项目经理部应按照施工现场临时用电组织设计或方案进行布设和使用。 2. 变配电设备设施、电缆、照明灯具的安全性等应符合相关规定	查资料： 1. 检查临时用电组织设计或者临时用电方案； 2. 检查临时用电验收记录； 3. 检查临时用电使用检查记录； 4. 检查临时用电组织设计或者用电方案； 5. 检查设备设施、电缆、照明灯具的产品合格证、进场验收资料。 查现场： 1. 检查现场临时用电是否按组织设计或临时用电方案要求布设； 2. 检查变配电设备设施、电缆、照明灯具等是否满足规范要求	20	1. 现场临时用电未按施工组织设计或者方案布设，每处扣2分； 2. 使用前未验收扣2分，验收记录不完善，扣1~2分； 3. 无定期检查临时用电记录，扣1~2分； 4. 临时用电组织设计方案、电缆、照明灯具等未提出明确的安全要求，扣1分； 5. 变配电设备设施、电缆、照明灯具等无产品合格证，扣1~3分； 6. 无验收记录，扣1~2分			

166

附录A 山地轨道工程施工项目安全生产标准化评价实施细则

续表

评价类目	评价项目		评价方法	标准分值	评价标准		评价记录	得分
					扣分项	否决项		
七、作业安全（500分）	7.3 施工现场布设	7.3.4 消防安全。 1.办公区、生活区、作业区应设置消防安全设施总平面布置图。 2.施工现场消防设施、消防通道设应符合相关规定。 3.消防区域应悬挂责任铭牌。	查资料： 1.检查消防安全设施总平面布置图中施工现场消防设施、消防通道布设情况； 2.检查消防设施、消防通道的台账及检查维修记录。 3.检查消防区域划分情况、各区域消防责任人、消防安全管理人员责任书签订情况。 查现场： 1.查验各区域消防设施； 2.现场查验消防设施、消防通道布设是否符合消防通道要求； 3.现场查验消防区域责任铭牌悬挂情况。	15	1.未设置消防安全设施总平面布置图，扣2分； 2.消防设施设置与消防安全设施总平面布置图不相符，扣1分； 3.施工现场无消防设施、消防通道，扣8分； 4.消防设施、消防通道不符合安全要求，扣1~4分； 5.消防记录不完善，维修记录不完善，扣1~2分； 6.未建立消防设施台账或台账不全，扣1分； 7.未悬挂责任铭牌，扣1分； 8.各区域无消防责任人，扣1分； 9.责任人未签订责任书，扣1分			

续表

评价类目	评价项目	评价方法	标准分值	评价标准		评价记录	得分
				扣分项	否决项		
七、作业安全(500分)	7.4 安全防护	7.4.1 防护栏杆、安全网及其他防打击、防坠落措施。 1. 高处、临边、临水作业平台，防护栏杆及安全网。 2. 施工现场下方有人员通行或作业，应设置挡脚板、安全网、安全通道等	查资料： 1. 检查施工方案、技术交底中关于高处、临边、临水作业位置防护栏杆及安全网设置要求； 2. 检查对防护栏杆、安全网的验收记录及安全检查记录； 3. 检查施工方案、技术交底中关于下方有人员通行或作业的挡脚板、防滑设施、安全网、安全通道设置要求； 4. 检查对挡脚板、防滑设施、安全网、安全通道的验收记录； 5. 检查对挡脚板、防滑设施、安全网、安全通道的检查记录。 查现场： 1. 现场查验高处、临边、临水作业防护栏杆及安全网设置是否符合要求； 2. 现场查验作业下方有人员通行或作业的安全防护设施是否符合要求	20	1. 施工方案、技术交底中未明确高处、临边、临水作业位置防护栏杆或安全网设置要求，扣2~4分； 2. 未按要求设置防护栏杆、安全网或其他安全防护措施，扣3~8分； 3. 无防护栏杆、安全网的验收记录，扣2~4分； 4. 无针对高处、临边、临水作业安全防护的检查记录，扣1~2分； 5. 施工方案、技术交底未明确下方有人员通行或作业的挡脚板、防滑设施的位置、安全网、安全通道设置要求，扣1~3分； 6. 下方有人员通行的位置，未设置挡脚板、防滑设施、安全网、安全通道等，扣5~10分； 7. 针对挡脚板、防滑设施、安全通道不规范扣10~15分； 8. 无检查记录，扣1~3分； 8. 无检查记录，扣1~2分			

附录 A 山地轨道工程施工项目安全生产标准化评价实施细则

续表

评价类目	评价项目		评价方法	标准分值	评价标准		得分
					扣分项	否决项 评价记录	
七、作业安全(500分)	7.4 安全防护	7.4.2 文明施工、安全警示标志牌。1. 施工现场明显位置应设置"五牌一图"。2. 交通要道、重要作业场所、危险区域应设置安全警示标志、标牌。3. 现场机械设备应按相关规定设置统一标志铭牌、张贴安全操作规程	查资料：1. 检查施工方案、技术交底中关于交通要道、重要作业场所、危险区域安全警示标志、标牌的设置要求；2. 检查对交通要道、重要作业场所、危险区域设置安全警示标志、标牌的验收记录；3. 检查对交通要道、重要作业场所、危险区域安全警示标志、标牌的检查及维修记录；4. 检查现场机械设备设置及张贴情况的检查记录。查现场：1. 现场查验交通要道、重要作业场所、危险区域安全警示标志、标牌的设置情况；2. 现场查验安全操作机械设备设置铭牌、安全操作规程或张贴情况；3. 检查施工现场"五牌一图"设置情况	15	1. 在施工现场未设置"五牌一图"，扣3~6分；2. "五牌一图"设置不规范或内容不正确，扣2~3分；3. 施工方案、技术交底中未明确交通要道、重要作业场所、危险区域安全警示标志、标牌的设置要求，扣1~3分；4. 现场未按要求设置文明施工、安全警示标志、标牌，每处扣2~8分；5. 使用前对交通要道、重要作业场所、危险区域安全警示标志、标牌的验收记录不完善，扣1~2分；6. 无日常检查及维护记录，扣1~2分；7. 现场未按要求设置统一标志铭牌，扣1~4分；8. 未张贴操作规程，扣1~2分；9. 针对现场操作机械设备铭牌、安全操作规程设置张贴情况，无检查记录，扣1~2分		

169

续表

评价类目	评价项目	评价方法	标准分值	评价标准		评价记录	得分
				扣分项	否决项		
七、作业安全(500分)	7.4 安全防护	7.4.3 避雷设施。搅拌和起重等高耸设备及其他电气设备应按规定设置避雷设施	查资料： 1. 检查施工方案、技术交底中关于搅拌和起重等高耸设备及其他电气设备的避雷设施的设置要求； 2. 检查避雷设施验收及接地电阻测试记录； 3. 检查针对避雷设施的检查记录。 查现场： 现场查验避雷设施设置情况	5	1. 施工方案、技术交底中未明确搅拌、打桩和起重等高耸设备及其他电气设备避雷设施的设置要求，扣1～2分； 2. 现场未按要求设置避雷设施，扣2～5分； 3. 避雷设施验收及接地电阻测试记录不完善，扣1～2分； 4. 无针对避雷设施的日常检查记录，扣1～2分			
		7.4.4 个体防护。 1. 项目经理部使用的劳动防护用品应符合国家和行业的相关规定。	查资料： 1. 检查施工项目采购的劳动防护用品的产品合格证、安全标志、产品质量检测试验资料； 2. 检查劳动防护用品发放领用记录； 3. 检查针对劳动防护用品配置和使用的检查记录。 查现场： 1. 现场查验从业人员劳动防护用品是否属于合格产品。	10	1. 劳动防护用品不能提供产品质量证明及检测试验资料、产品合格证、安全标志，扣1～5分； 2. 劳动防护用品不符合相关和行业标准，扣1～2分； 3. 未发放相应劳动防护用品，扣5～10分； 4. 无劳动防护用品发放领用记录，扣3分； 5. 未按照规定配置和使用个体防护用品，扣3～6分；			

附录 A 山地轨道工程施工项目安全生产标准化评价实施细则

续表

评价类目	评价项目	评价方法	标准分值	评价标准		评价记录	得分
				扣分项	否决项		
七、作业安全（500分）	7.4 安全防护	2.进入施工现场的从业人员应按规定配置和正确使用劳动防护用品	2.现场查验从业人员劳动防护用品的配置和使用情况	10	6.无针对对从业人员劳动防护用品配置和使用的检查记录,扣1~2分			
	7.5 施工作业安全	7.5.1 高处作业。 1.高处作业应按相关规定设置人员上下专用通道。 2.作业平台、脚手板应设置符合相关规定,脚手板应铺满且固定牢固	查资料： 1.检查施工方案、技术交底中关于高处通道的形式、安全注意事项等内容； 2.检查使用施工方案、技术交底中关于作业平台、脚手板的设置要求； 3.检查施工方案、技术交底中关于作业平台、脚手板的设置要求； 4.检查使用前的验收记录。 查现场： 1.现场查验高处作业人员上下专用通道设置情况； 2.现场查验作业平台的设置情况	15	1.施工方案、技术交底中未明确高处作业人员上下专用通道的形式、设置要求及安全注意事项等,不得分； 2.现场高处设置人员上下专用通道未按方案要求正确设置,扣5~10分； 3.通道使用前未经验收,并留存记录,检查内容不完整,扣3~5分； 4.施工方案、技术交底中未明确作业平台、脚手板要求,扣1~2分； 5.使用前未验收或验收记录不完善,扣1分； 6.无针对作业平台、脚手板的检查记录,扣1分； 7.作业平台搭设不符合设计要求,扣1分； 8.脚手板安装不符合方案要求,扣1分			

171

续表

评价类目	评价项目	评价方法	标准分值	评价标准		评价记录	得分
				扣分项	否决项		
七、作业安全（500分）	7.5 施工作业安全	7.5.2 支架和脚手架。 1. 施工现场支架和脚手架搭设和拆除支架和脚手架应满足施工方案要求。 2. 支架和脚手架基础承载力要求，周边应有防排水设施。 3. 搭设支架和脚手架的材料应有出厂合格证明，并按规定进行抽检。 4. 承重支架和脚手架搭设和拆除应制定专项施工方案，并按审批过的方案进行安装与拆除。	查资料： 1. 检查施工方案、技术交底中关于支架和脚手架搭设和拆除的要求及安全注意事项等内容； 2. 检查支架和脚手架使用前的验收记录； 3. 检查施工方案中支架、脚手架地基基础承载力验算，地基基础处理及防排水的要求； 4. 检查支架和脚手架地基基础使用前的验收记录； 5. 检查满堂支架的基础使用前的预压记录； 6. 检查对支架地基基础进行沉降变形监测的记录； 7. 检查支架和脚手架材料的出厂合格证； 8. 检查支架和脚手架材料的抽样检验测试报告。	15	1. 施工方案、技术交底中未明确脚手架搭设和拆除要求及安全注意事项等内容，扣5分； 2. 现场未按方案搭设支架和脚手架，扣5分； 3. 支架和脚手架使用前经验收合格并留存验收记录，验收内容不完整，扣5分； 4. 施工方案中未对支架、脚手架地基承载力进行验算，扣1分； 5. 施工方案及技术交底中无关于地基基础处理及防排水的要求，扣1分； 6. 支架和脚手架基础无防排水设施，扣1分； 7. 现场支架位或脚手架基础处理不到位或周边防排水设施不良，扣1分； 8. 材料无出厂合格证，扣2～5分；			

附录 A 山地轨道工程施工项目安全生产标准化评价实施细则

续表

评价类目	评价项目	评价方法	标准分值	评价标准		评价记录	得分
				扣分项	否决项		
七、施工作业安全(500分)	7.5 施工作业安全	5.承重支架搭设后应按规定组织验收,验收通过后应挂牌告知。 6.搭设高度大于10 m的脚手架应设置缆风绳等防倾覆措施	9.检查承重支架搭设专项施工方案; 10.检查预压记录,验收记录。 查现场: 1.现场查验支架和脚手架的搭设与拆除是否与方案相符; 2.现场查支架和脚手架基础处理情况及周边防排水设施; 3.现场查承重支架验收告知情况; 4.现场查验脚手架防倾覆措施的设置情况	15	9.未进行抽样检验或未留存检验测试报告,扣2~3分; 10.承重支架施工方案未制定专项施工方案,扣5分; 11.现场支架搭设未按照方案施工,扣5分; 12.对承重支架和脚手架未组织验收,验收记录不齐全,扣3~5分; 13.现场未设置告知牌,扣2分; 14.施工方案、技术交底中未明确高度大于10 m的脚手架应设置缆风绳等防倾覆措施要求,扣1~3分; 15.高度大于10 m的脚手架无缆风绳等防倾覆措施,扣5分; 16.无针对缆风绳、地锚、连墙件等防倾覆措施的检查记录的,扣1分			

续表

评价类目	评价项目	评价方法	标准分值	评价标准		评价记录	得分
				扣分项	否决项		
七、作业安全（500分） 7.5 施工作业安全	7.5.3 模板。 1. 大型模板搭设和拆除应有经过审批过的专项施工方案。 2. 模板制作、存放、使用、安装、拆除应满足方案要求。 3. 大型模板使用前应组织验收。	查资料： 1. 检查大型模板搭设和拆除专项施工方案； 2. 检查模板制作、存放、使用和拆除等相关内容及施工注意事项等内容； 3. 检查针对模板的制作、存放、使用及拆除情况的检查记录。 4. 检查大型模板验收记录。 查现场： 对照方案，现场查验模板制作、存放、使用、拆除情况。	20	1. 大型模板搭设、拆除未制定专项施工方案，扣10分； 2. 方案未经审批后实施，扣5分； 3. 施工方案、技术交底中未明确模板制作、存放、使用和拆除等相关内容及施工注意事项等内容，扣1分； 4. 现场模板制作、存放、使用、拆除不符合方案要求，扣1～3分； 5. 无针对模板的制作、存放、使用及拆除情况的检查记录、使用前及拆除记录不完整，扣5～10分。			
	7.5.4 特种设备。 1. 安全使用登记标志应悬挂于明显位置。 2. 特种设备操作人员应持证上岗。	查资料： 1. 检查特种设备安全使用证书的有效性； 2. 检查垂直升降设备的检验合格证使用登记。	25	1. 设备无安全使用登记标志，扣3分； 2. 安全使用登记证铭牌未按要求悬挂，扣1分； 3. 特种设备使用登记证书未到期前未按规定及时复审或已失效，扣1～2分。			

附录 A 山地轨道工程施工项目安全生产标准化评价实施细则

续表

评价类目	评价项目	评价方法	标准分值	评价标准		评价记录	得分
				扣分项	否决项		
七、作业安全（500分）	7.5 施工作业安全	3. 垂直升降设备不得超载运行，其基础承载力、临边防护、防排水等应符合相关规定，架体附着装置应牢固。	3. 检查施工方案、技术交底中关于载重量、额定乘员、基础施工及架体附着装置的安全技术要求及注意事项等内容； 4. 检查垂直升降设备使用的验收、检查、维修记录； 5. 检查施工方案、技术交底中是否明确基础吊装、轨道式起重机限位及安保装置的设置要求及安全注意事项等内容； 6. 检查起重机使用前的验收、检查、维修记录。 1. 现场查验特种设备安全使用登记证挂牌情况； 2. 现场查验特种设备操作人员是否持证上岗； 3. 检查特种作业人员台账及证件的真实有效性； 4. 现场查验载重量、额定乘员等设备挂牌。	25	4. 特种作业人员未持有效证书，人证不相符，扣3分； 5. 未建立特种作业人员台账，内容不完善，扣3分； 6. 施工方案、技术交底中未明确载重量、额定乘员、基础施工及架体附着装置的安全技术要求及注意事项等内容，扣1分； 7. 特种设备超载运行，每台扣4分； 8. 垂直升降设备、基础承载力、临边防护、防排水不符合相关规定，每项扣1分； 9. 附着装置不稳固，每台扣1分； 10. 无验收、检查、维修记录等，扣1分； 11. 现场未悬挂额定载重量、额定乘员数标牌，每台扣0.5分；			

175

续表

评价类目	评价项目	评价方法	标准分值	评价标准		评价记录	得分
				扣分项	否决项		
七、作业安全（500分）	7.5 施工作业安全	4.塔吊基础和架体附着装置应牢固，轨道式起重机应有效保险装置及限位装置	5.现场查验垂直升降设备运行情况、基础处理及架体附着装置；6.现场查验装置、轨道式起重机附着装置情况	25	12.施工方案、技术交底中未明确塔吊基础及架体附着装置，轨道式起重机的设置位及限位装置的要求及安全注意事项等内容，扣1分；13.塔吊基础附着基础沉降变形，或基础积水，扣1~2分；14.塔吊附着固定不符合方案不牢固，扣1~2分；15.无验收、检查、维修记录等，扣1分；16.使用过程中有安全隐患，扣1分；17.轨道式起重机无有效限位及保险装置，电缆拖地行走，扣1~2分			
		7.5.5 基坑施工．1.深基坑施工应编制专项施工方案，并应按审批过程开挖和支护．2.基坑周围的机械设备和堆存的物料等距基坑边缘的距离应满足边坡稳定性设计的相关规定。	查资料：1.检查深基坑专项施工方案、审批及专家论证记录；2.检查基坑开挖、支护过程的验收检查记录；3.检查关于基坑周围机械设备和堆存物料的安全距离及注意事项等内容；	20	1.深基坑施工未编制专项施工方案，审批程序不符合要求，需经专家论证，不得分；2.方案变更后未重新论证或审批，不得分；3.开挖和支护施工与方案不符，基坑开挖、支护过程未留存检查、验收记录，扣1~2分；			

附录 A 山地轨道工程施工项目安全生产标准化评价实施细则

续表

评价类目	评价项目	评价方法	标准分值	评价标准 扣分项	评价记录 否决项	得分
七、作业安全（500分）	7.5 施工作业安全	3.基坑内上下交叉作业应采取安全防护措施，上下基坑应设安全通道。 4.降排水系统应合理可靠。	4.检查施工方案、技术交底中关于基坑上下交叉作业及安全通道的设置事项等内容； 5.检查降排水专项施工方案中的降排水设计、明确降排水方式，相关要求和注意事项等内容； 6.检查对基坑降排水系统的安全检查记录。 7.检查深基坑边坡、支护结构、临时围堰等沉降和位移监测方案； 8.检查深基坑边坡、支护结构、临时围堰等的沉降和位移情况的监测记录。 查现场： 1.现场查验深基坑开挖和支护是否按方案执行； 2.现场查验基坑周围的机械设备和堆放物料的距离； 3.现场查验安全防护措施及安全作业通道。	20	4.施工方案、技术交底中未明确基坑周围机械设备和堆存物料的安全距离及注意事项等内容，扣1分； 5.基坑周围的机械设备和堆存的物料等距基坑边缘的距离不满足稳定坡度方案设计的要求，扣1~3分； 6.无针对基坑周围的安全检查记录，扣1分； 7.施工方案、技术交底上下交叉作业通道的设置要求和安全注意事项等内容，扣1分； 8.基坑内上下交叉作业安全防护措施未按方案实施，扣2分； 9.基坑安全通道不齐全、记录不齐全，扣1分； 10.基坑专项施工方案中无降排水设计或未明确降排水方式，相关要求和注意事项等内容，扣2分；		

续表

评价类目	评价项目	评价方法	标准分值	评价标准		评价记录	得分
				扣分项	否决项		
七、作业安全(500分)	7.5 施工作业安全	5.深基坑边坡、支护结构、临时围堰等应进行沉降和位移监测。 6.堆载安全间距及安全防护应符合设计或相关规程的规定	4.现场查验基坑降排水系统是否按方案施工； 5.检查基坑开挖中关于支护及坑壁稳定性检算的资料； 6.检查施工方案、技术交底中基坑周边堆载的安全距离、堆载及安全防护要求和注意事项等内容； 7.检查对基坑周边堆载及坑壁稳定性的安全检查记录； 8.查验基坑堆载安全间距及安全防护设施	20	11.现场基坑降排水系统未设置或设置不符合相关规定,扣2~5分； 12.无针对基坑降排水系统的安全检查记录,扣1分； 13.项目经理部未编制深基坑边坡、支护结构和位移等沉降和位移监测方案,临时围堰方案未经审批和专家论证,不得分； 14.现场未进行沉降和位移监测,监测记录不齐不完整,监测结果未及时向现场管理人员报送,不得分； 15.施工方案、技术交底中未明确基坑周边堆载的安全距离、堆载及安全防护等内容,扣2分； 16.无针对基坑周边堆载及安全检查记录,扣1分； 17.堆载稳定性设计或堆载不满足设计或相关技术规程要求,扣1~3分			

附录 A 山地轨道工程施工项目安全生产标准化评价实施细则

续表

评价类目	评价项目		评价方法	标准分值	评价标准		评价记录	得分
					扣分项	否决项		
七、作业安全（500分）	7.5 施工作业安全	7.5.6 相关方管理。 1. 项目经理部应确认分包商资质条件，确保符合国家建筑业企业资质管理和行业有关工程分包安全生产管理的相关规定。 2. 项目经理部不得将工程主体工程进行分包，进行工程分包须在施工承包合同允许范围内，且经过相关方同意后方可进行施工分包。 3. 项目经理部与分包方签订安全生产协议，明确双方安全责任，并对分包商的全过程施工安全进行控制。 4. 项目经理部监督分包方禁止将所承包的工程进行违规分包或转包。	查资料： 1. 检查分包商资质文件； 2. 检查与分包方签订的安全生产协议	5	1. 分包商资质不符合相关规定，不得分； 2. 未与分包方签订安全生产协议，不得分； 3. 签订的安全生产协议不符合相关规定，扣1～3分			
	7.6 桥梁工程	7.6.1 基础施工。 1. 基础施工应按照审批过的方案实施。 2. 作业区域应设置警戒设施及警示灯。	查资料： 1. 查看方案及审批、论证或变更手续； 2. 检查对基础施工的过程检查记录。	30	1. 基础施工方案未经过审批、论证，扣10分； 2. 现场施工未按照方案实施，并留存过程检查记录，扣5分； 3. 现场无警戒设施及警示灯，扣3～7分；			

续表

评价类目	评价项目	评价方法	标准分值	评价标准 扣分项	评价标准 否决项	评价记录	得分
七、作业安全（500分）	3. 泥浆池应设置围护设施及安全警示标志	查现场：1. 现场查验审批过的方案的实施情况；2. 现场查验是否按规定设置警戒设施或警示灯；3. 现场查验泥浆池及周边围护设施及安全警示标志设置情况	30	4. 警戒设施及警示灯未设置或设置不规范、不全，每处扣1分，扣完为止；5. 未设置围护设施或警示标志，扣8分；6. 围护设施或警示标志不符合要求，每处扣1分，扣完为止			
	7.6.2 墩台。1. 高墩台施工应按审批过的专项施工方案实施。2. 高墩台施工应搭设脚手架及安全作业平台，搭设及拆除时周边应设立警戒线。3. 墩台作业设置人员上下专用通道并满足使用安全要求。不得使用塔吊、汽车吊载人上下。	查资料：1. 检查专项施工方案审批、论证或变更手续；2. 检查墩台施工过程记录；3. 检查墩台施工搭设的脚手架及作业平台的安全要求；4. 检查脚手架及作业平台使用过程检查的验收记录；5. 查看施工方案、技术交底中关于墩台作业人员上下专用通道的设置要求和注意事项；	35	1. 高墩台施工专项施工方案未经过审批，论证，扣10分；2. 现场未按照方案实施并存施工过程检查记录，扣5分；3. 墩台施工方案、技术交底中未明确脚手架、作业平台搭设、拆除相关内容，扣1～3分；4. 脚手架及作业平台未搭设，扣5分；5. 搭设与方案交底不符，扣1～3分；			
7.6 桥梁工程							

180

附录 A 山地轨道工程施工项目安全生产标准化评价实施细则

续表

评价类目	评价项目	评价方法	标准分值	评价标准		评价记录	得分
				扣分项	否决项		
七、作业安全（500分）	7.6 桥梁工程	4. 墩身或塔身高度超过40 m的桥梁应安装附着式电梯，出入口应设置防护设施。 5. 模板支撑系统应符合相关规定的强度、刚度、稳定性，支撑材料进场验收数据应真实，记录齐全	6. 检查人员上下专用通道验收记录及使用过程检查记录； 7. 检查电梯安装与拆除专项方案、技术交底； 8. 检查电梯检验合格证、使用登记，操作人员证书； 9. 检查模板支架专项施工方案、技术交底； 10. 检查模板、支撑材料的进场验收记录； 11. 检查模板支撑系统的检查验收记录及变形监测记录。 查现场： 1. 现场查验审批过的方案实施情况； 2. 现场查验脚手架及作业平台搭设情况； 3. 现场查验专用通道设置情况； 4. 现场查验警戒线设立情况，有无违规使用塔吊和汽车吊载人情况； 5. 现场查验附着式电梯及安装防护设施出入口设置防护设施情况	35	6. 无验收记录及过程检查记录，扣1~2分； 7. 搭设及拆除时周边未设置警戒线，扣1~2分； 8. 现场未按专项施工方案设置人员上下专用通道，扣10分； 9. 通道安全防护措施不符合要求，扣5~10分； 10. 现场使用塔吊、汽车吊载人上下，每人次2分，扣完为止； 11. 超过40 m的墩身未安装附着式电梯，扣5分； 12. 出入口未设置防护设施不符合安全要求，扣3分； 13. 模板支撑系统的强度、刚度、稳定性不满足质量安全要求，扣4~6分； 14. 支撑材料进场检测无验收记录，扣2~4分； 15. 验收数据不真实、记录不齐全，扣1~2分			

续表

评价类目	评价项目		评价方法	标准分值	评价标准		评价记录	得分
					扣分项	否决项		
七、作业安全（500分）	7.6 桥梁工程	7.6.3 桥梁上部结构施工。 1. 桥梁上部结构施工应按审批的专项施工方案实施，并应按规定经过安全验算，满足承载力要求，并应按规定记录检测、检测数据应真实，签字齐全。 3. 挂篮应经设计和安全验算，按方案组拼后，应进行全面检查，并应按相关规定进行预压试验。 4. 梁板吊装时应设立警戒区，就位后及时进行稳固。 5. 桥面系施工临边及孔洞应设置安全防护栏杆、安全网及安全警示标志。 6. 龙门吊、架桥机等特种设备应取得安全使用登记证书，限位、防溜逸等设施应齐全、有效。	查资料： 1. 查看专项施工方案、技术交底及审批，论证或变更手续； 2. 检查桥梁上部结构施工过程记录； 3. 查看验算书、预压试验记录； 4. 查看地基承载力检测报告； 5. 查看挂篮设计方案、安全验算资料； 6. 检查挂篮焊接部件检验记录； 7. 检查挂篮预压试验验收记录； 8. 查看梁板吊装施工交底中关于警戒区域设置、梁体就位后稳固的相关要求； 9. 查看桥面系安全防护栏杆设置、检查技术交底中关于安全防护栏杆的要求； 10. 查看特种设备使用登记证； 11. 设备日常维修保养、检查记录； 12. 查看梁板张拉作业施工技术交底；	35	1. 上部结构施工专项施工方案未经过审批、论证，扣10分； 2. 现场未按照方案实施并存施工过程检查记录，扣5~10分； 3. 满堂支架未经过安全验算，扣5分； 4. 未进行预压试验，扣3分； 5. 基础承载力不满足规范要求，扣3分； 6. 未按照规定进行检测扣2分，检测记录不齐全的扣1~2分； 7. 挂篮未经设计和安全验算，扣10分； 8. 现场未按照方案组拼挂篮，并进行预压试验，扣10分； 9. 挂篮验收记录不齐全，扣5~10分； 10. 梁板吊装时未设置警戒区域，扣5分； 11. 就位后未及时进行稳固，扣3分； 12. 临边及孔洞未设置防护栏杆、安全网及警示标志，每个工点每缺1项及警示标志不完善，扣2分，扣完为止；			

附录 A 山地轨道工程施工项目安全生产标准化评价实施细则

续表

评价类目	评价项目		评价方法	标准分值	评价标准		评价记录	得分
					扣分项	否决项		
七、作业安全(500分)	7.6 桥梁工程	7.梁板张拉作业应符合相关规定。 8.跨线架桥施工应按照审批过的专项方案搭设、拆除防护棚架。 9.跨线作业交通安全标志符合规定	1.现场查验是否按照审批过的方案实施； 2.现场查验挂篮是否按方案组拼； 3.现场查验实施情况； 4.现场查验安全防护及警示实施情况； 5.现场查验龙门吊、架桥机限位、防溜逸等设施是否安全、有效； 6.现场查验张拉作业安全防护及按规定操作情况； 7.现场查验防护棚架是否按方案实施； 8.现场查看交通安全标志设置是否合规	35	13.龙门吊、架桥机等特种设备未取得安全使用登记证书，不得分； 14.检查防护棚架使用验收记录，日常检查、维修记录；现场。限位、防溜逸设施不齐全，工作状态不正常，扣2分； 15.设备未进行日常维修、检查并建立记录，扣2分； 16.梁板张拉时未设置防护措施，扣3分； 17.张拉作业未设置警戒区域和相关标志，扣1~3分； 18.防护棚架未编制专项施工方案，不得分； 19.现场未按照方案搭设、拆除防护棚架，不得分； 20.搭设后验收不规范，不得分； 21.棚架不全，扣1分； 22.跨线作业缺少交通安全标志，每处扣4分； 23.交通安全标志不符合相关规定，扣1~2分			

续表

评价类目	评价项目	评价方法	标准分值	评价标准			得分
				扣分项	否决项	评价记录	
七、作业安全(500分)	7.7 隧道工程	7.7.1 基本要求。 1. 隧道洞口应设置值班室(或监控室),对进出洞人员应执行登记管理。 2. 1 km 以上隧道宜配置电子门禁系统和电子安全监控系统。 3. 隧道内坑洞、临边部位设立防护栏及警示标志。 4. 作业台车防护应符合相关规定,并应设置警醒目的警示标志。	查资料: 1. 查看人员和机械设备进出洞登记表; 2. 查看方案中关于电子门禁系统和电子安全监控系统设置的相关要求; 3. 查看方案中关于安全监控技术交底中关于坑洞、临边部位设置防护措施和警示标志的内容要求; 4. 查看作业台车的设计方案、受力分析资料; 5. 查看台车进场验收记录; 6. 查看隧道施工方案、技术交底中关于应急救援的相关内容; 7. 查消防设施日常维护和检查记录。 查现场: 1. 查看隧道施工现场出入洞登记管理情况; 2. 现场检查电子门禁系统和电子安全监控系统使用情况。	20	1. 隧道洞口未设置值班室(或监控室),扣 2~3 分; 2. 对进出洞人员未执行登记管理或登记不全,扣 1~2 分; 3. 方案中无关于电子门禁系统和电子安全监控系统设置的相关要求,扣 1 分; 4. 1 km 以上隧道未配置电子门禁系统和电子安全监控系统,扣 2 分; 5. 电子门禁系统及电子安全监控系统不能有效使用,扣 1 分; 6. 隧道施工方案和技术交底中无关于坑洞、临边等部位设置防护措施及安全警示标志等内容,扣 1 分; 7. 隧道内坑洞、临边部位未设立防护栏及警醒目的安全警示标志,扣 1~3 分; 8. 作业台车无设计方案、无进场验收记录,扣 1~2 分; 9. 作业台车防护要求不符合要求,扣 1~2 分;			

附录A 山地轨道工程施工项目安全生产标准化评价实施细则

续表

评价类目	评价项目	评价方法	标准分值	评价标准		评价记录	得分
				扣分项	否决项		
七、作业安全(500分)	7.7 隧道工程	5.现场急救箱内物品、设备应齐全、有效。 6.施工现场应设置灭火器、消防水池、消防用沙等消防设施	3.现场查验洞内安全防护设施及警示标志； 4.查看台车防护设施及警示标志； 5.检查现场急救箱中物品、设备配置情况； 6.现场查看消防设施配置情况	20	10.隧道开挖方案、技术交底中无急救药箱设置的相关内容，扣1分； 11.现场无急救药箱内物品、急救药箱内物品、设备不齐全，扣1~2分； 12.隧道内未设置灭火器、消防用沙等消防设施，扣1~2分； 13.消防设施未定期进行维护、检查扣1~2分； 14.消防设施标志不明显，扣1分			
		7.7.2 洞身开挖。 1.洞口工程应按审批过的专项施工方案实施。洞门、防护工程及截排水系统应施作及时、完整。 2.洞口相关监控量测点应按设计要求及相关规定。 3.洞身施工方案、台车各类安全警示标志设置齐全、安全可靠。	查资料： 1.查看洞口工程施工方案及审批手续、安全技术交底、施工技术交底内容； 2.检查洞口变形监控量测记录； 3.查看施工作业台架、台车安全使用前验收记录； 5.查看洞身开挖方案、技术交底及其审批、签字手续； 6.查看隧道施工设计图纸、专项施工方案及技术交底	20	1.洞口工程未编制专项施工方案并按照专项施工方案及技术交底实施，扣10分； 2.边坡及仰坡开挖、坡度不符合设计规定，扣10分； 3.洞门、防护工程及截排水系统未及时施作，扣10分； 4.洞口相关监控量测点布点不满足设计及规范要求，扣2~5分； 5.未进行量测，扣3分； 6.量测记录不齐全，扣1~2分；			

续表

评价类目	评价项目	评价方法	标准分值	评价标准		评价记录	得分
				扣分项	否决项		
七、作业安全（500分）	7.7 隧道工程	4. 洞内不得临时堆放易燃易爆物品。 5. 施工现场应设置风险源告知牌及安全警示标志。 6. 施工方案应按审批过的专项施工方案开挖，不得擅自变更开挖方法。 7. 施工现场应按照设计要求进行超前支护。 8. 隧道爆破应按照钻爆设计，并应按审批过的方案实施	7. 查看隧道钻爆设计方案及审批手续。 8. 查看钻爆施工技术交底。 1. 检查洞口开挖及相关载排水设施施作情况； 2. 查看洞口监控量测点布设情况； 3. 现场查验防护设施、安全警示标志； 4. 现场查验是否临时堆放易燃易爆物品； 5. 查验爆破消防器材配备情况； 6. 现场查验是否正确设立风险源告知牌及相关警示标志、标牌； 7. 查验现场施工是否与方案相符； 8. 查验现场是否按照设计要求进行超前支护； 9. 查验现场是否按照审批过的方案实施	20	7. 未制定施工方案，台车的设计方案，扣3分； 8. 施工作业台架、台车各类防坠设施、安全警示标志缺失，扣2～5分； 9. 洞内临时堆放易燃易爆物品，扣5分； 10. 作业现场未配备消防器材，扣1～3分； 11. 施工现场未设置风险源告知牌及安全警示标志，扣3分； 12. 设置的内容不正确、不全面，扣1～2分； 13. 洞身开挖未按照方案实施；擅自变更开挖方法，不得分； 14. 变更开挖方案未重新审批，不得分； 15. 现场未按照设计要求施工超前支护，扣5分； 16. 超前支护施作完成未经隐蔽工程验收并留存记录，扣5分； 17. 隧道爆破作业未编制钻爆设计并按规定进行审批，扣10分； 18. 现场未交底实施和技术未交底实施，扣10分；			

附录 A　山地轨道工程施工项目安全生产标准化评价实施细则

续表

评价类目	评价项目	评价方法	标准分值	评价标准		评价记录	得分
				扣分项	否决项		
七、作业安全（500分）	7.7 隧道工程	7.7.3 初期支护及二衬。 1.初期支护和二衬应按方案实施。初期支护背后不得出现空腔或空隙或填充物。 2.仰拱与掌子面的安全步距及掌子面，二衬与掌子面应符合设计要求及相关规定。 3.拱架安装应符合相关规定。	查资料： 1.查看施工方案、技术交底中关于初期支护和二衬的施工工艺及安全注意事项； 2.查看初支无损检测报告及相关施工记录； 3.查看施工方案及技术交底中关于各类围岩仰拱与掌子面、二衬与掌子面的安全步距要求； 4.查看施工方案及技术交底中关于拱架的安装工艺、质量及安全保证措施； 5.检查拱架、锁脚锚杆或锁脚锚管的施工记录； 6.查看施工方案及技术交底中关于系统锚杆施工的施工工艺、质量及安全保证措施； 7.检查系统锚杆施工记录； 8.检查检测报告、检查记录。 查现场： 1.现场查验按初期支护和二衬施工； 2.检验初期支护背后是否存在空腔或填充物。	20	1.施工方案、技术交底中未明确初期支护及二衬施工安全要求，扣10分； 2.初期支护和二衬未按照方案实施，扣10分； 3.开挖后未及时施工初期支护，扣10分； 4.初期支护背后出现空腔或填充物，违者扣5～10分； 5.施工方案及技术交底中未明确各类围岩仰拱与掌子面、二衬与掌子面的安全步距，扣10分； 6.仰拱与掌子面、二衬与掌子面的安全步距不满足方案要求，扣10分； 7.施工方案及技术交底中未明确拱架安装工艺、安全保证措施，扣10分； 8.拱架、锁脚锚杆或锁脚锚管不符合方案要求，扣2～5分； 9.未留存施工记录，扣1～2分；			

续表

评价类目	评价项目	评价方法	标准分值	评价标准 扣分项	评价标准 否决项	评价记录	得分
七、作业安全(500分)	4. 系统锚杆施工应符合设计要求及相关规定。 5. 初期支护各类检测应及时有效，检测报告应签字齐全	3. 现场测量安全步距情况； 4. 现场检查验拱架安装情况； 5. 现场检验系统锚杆施作情况	20	10. 施工方案及技术交底中未明确系统锚杆施工工艺、质量及安全保证措施，扣5分； 11. 要求、未留存锚杆施工记录，扣5分； 12. 系统支护，未按要求进行各类检测，每少1项扣1分； 13. 初期支护各类检测不及时、不真实，不齐全，扣1~3分； 14. 检测报告签字不全，扣1分； 15. 无检查记录，扣1分			
	7.7.4 监控量测与超前地质预报。 1. 项目经理部应根据设计文件要求，制定监控量测及超前地质预报施工方案，并按方案组织实施。 2. 长大隧道和不良地质隧道应进行超前地质预报。 3. 监控量测数量、位置应符合相关规定，监测项目及资料数据应真实，签字齐全。	查资料： 1. 查看监控量测及超前地质预报专项施工方案并及超前地质预报审批手续； 2. 查看超前地质预报报告； 3. 查看超前地质预报报告； 4. 查看监控量测方案中布点数量、位置及签字； 5. 检查监控量测数据及签字； 6. 检查监控量测数据分析记录；	20	1. 隧道施工前未制定监控量测及超前地质预报专项施工方案并及超前地质预报审批，扣10分； 2. 现场未按照专项施工方案组织实施，扣10分； 3. 长大隧道和不良地质隧道未制定超前地质预报方案，扣5分； 4. 超前地质预报相关资料未及时进行，扣3分； 5. 超前地质预报相关资料未及时报送现场管理人员，扣3分；			

188

附录 A 山地轨道工程施工项目安全生产标准化评价实施细则

续表

评价类目	评价项目	评价方法	标准分值	评价标准		评价记录	得分
				扣分项	否决项		
七、作业安全（500分）	7.7 隧道工程	4.项目经理部应对量测数据进行分析，项目负责人和技术负责人应签字齐全。 5.超前地质预报频次及预报长度应符合相关规定。 6.地质预报和监测仪器证书应齐全、标定有效。 7.项目经理部应对掌子面及周围岩稳定性开展巡视检查，检查记录应真实、签字齐全。	7.查看超前地质预报方案中预报频次及预报长度要求； 8.检查标定证书、查检验报告； 9.检查仪器台账； 10.检查巡视检查记录及相关影像资料。 1.现场检查是否按审批通过的方案组织实施； 2.现场检验是否按方案交底施工； 3.现场检验监控量测点布设情况	20	6.监控量测布点数量、位置不符合规范或设计文件要求，扣2分； 7.监控量测及资料数据不真实，监测数据无分析报告，扣2分； 8.分析报告无分析报告，扣2分； 9.项目负责人签字，扣1分； 10.方案中未明确对监测数据人未每日对监测数据签字不全，扣1~2分； 11.方案中未明确于预报频次、长度等相关要求，扣1~2分； 12.超前地质预报长度不满足方案要求或预报长度不满足方案要求，扣2~3分； 13.地质预报时效失效，扣3分； 14.仪器未及时校对、标定，扣1~2分； 15.未对掌子面及周围岩稳定性进行检查，扣3分； 16.检查记录不真实，签字不全，扣1~2分			

189

评价类目	评价项目	评价方法	标准分值	评价标准 扣分项	评价标准 否决项	评价记录	得分
七、作业安全（500分） 7.7 隧道工程	7.7.5 逃生通道。 1. 长大隧道、不良地质及软弱围岩隧道的逃生通道、逃生配置设置应按批准的方案、逃生通道与掌子面距离设置不应大于20 m。 2. 逃生通道的刚度、强度及抗冲击力应符合相关规定。	查资料： 1. 查看施工方案及技术交底中逃生通道的标准及设置要求。 2. 检查逃生通道成品检测资料。 查现场： 检查隧道逃生通道设置及其安全距离。	5	1. 施工方案及技术交底中未明确逃生通道的设置要求，扣1分； 2. 长大隧道、不良地质及软弱围岩隧道的二衬与掌子面间未设置逃生通道，扣5分； 3. 逃生通道与掌子面间的距离不符合要求，扣1～3分； 4. 无逃生通道刚度、强度及抗冲击力等相关试验检测资料，扣1～2分； 5. 逃生通道刚度、强度及抗冲击力不满足安全性能要求，扣3～5分			
	7.7.6 通风、防尘、照明、排水及消防、应急管理。 1. 隧道内通风设施按批准的方案配置通风设施。 2. 项目经理部应对有毒有害气体进行检测，检测记录齐全、有效。 3. 掘进里程超过150 m时，应采用机械式强制通风。	查资料： 1. 查看通风专项施工方案； 2. 查看施工方案及技术交底中对有毒有害气体的检测要求； 3. 查看检测报告、记录； 4. 查看转包记录； 5. 查看通风方案中通风管布设要求。	10	1. 隧道通风未编制专项施工方案，并通过审批，不得分； 2. 通风方式、设施与方案不一致或并且不符合规范要求，不得分； 3. 现场未按规定进行有毒有害气体检测，检测记录不齐全，扣5～10分； 4. 现场未按方案要求采用机械式强制通风，扣3～5分			

附录 A 山地轨道工程施工项目安全生产标准化评价实施细则

续表

评价类目	评价项目		评价方法	标准分值	评价标准		评价记录	得分
					扣分项	否决项		
七、作业安全（500分）	7.7 隧道工程	4. 压入式通风管的送风口距掌子面不应超过15 m，排风式风管吸风口距离洞口不宜少于30 m，洞外风机距离洞口应符合相关规定。5. 隧道内应照明充足，照明用电应与动力用电分开。作业区域应使用安全照明电压。6. 隧道排水设施应完善、有效。	6. 查看临时用电组织设计及技术交底中动力用电与安全照明用电要求；7. 查看施工方案和技术交底中排水设施的相关要求；8. 检查应急预案中对应急救援仓库位置、救援设备和消防器材的配置数量的规定；9. 检查应急预案中灯视引导系统设置要求；10. 查看维护记录。1. 现场查验是否按方案或交底施工；2. 查看隧道内通风设备配置情况；3. 测量通风管道距通风量；4. 检查隧道临时用电；5. 检查隧道排水设施；6. 检查应急救援设备、设施和检查应急救援仓库，消防器材配置情况；	10	5. 压入式通风管的送风口距掌子面面超过15 m，扣1～2分；6. 排风式风管吸风口距掌子面超过5 m，扣1～2分；7. 洞外风机距离洞口少于30 m，扣1～2分；8. 通风量不满足相关规范要求，扣1～2分；9. 隧道内照明不足，扣1～2分；10. 照明用电未与动力用电分开，扣3分；11. 作业区域未使用安全照明电压，扣1～2分；12. 使用简易馈笼灯照明，扣1～2分；13. 施工方案及技术交底中未明确排水设施的相关要求，扣1分；14. 隧道内无排水设施，扣1～2分；15. 排水设施不完善，排水不畅，扣1～2分；			

续表

评价类目	评价项目	评价方法	标准分值	评价标准		评价记录	得分
				扣分项	否决项		
七、作业安全（500分）		7.查看隧道内应急逃生路线灯视引导系统设置及功效情况	10	16.隧道施工应设置应急救援仓库，扣2分； 17.应急救援设施、设备和消防器材配备不足，扣1~2分； 18.未建立相关配置的储存台账，扣1分； 19.未设立应急逃生路线，扣2分； 20.灯视引导系统故障或无效，扣1~2分			
	7.隧道施工应设置应急救援仓库，应配备足够数量的应急救援设施、设备和消防器材。 8.施工现场应设立应急逃生路线灯视引导系统						
	7.7.7 瓦斯隧道 1.瓦斯施工应按照审批过的专项施工方案施工。 2.瓦斯隧道应使用具有防爆性能的电气设备、设施、车辆及照明系统。	查资料： 1.检查专项施工方案及审批记录、技术交底； 2.检查防爆电气设备、设施、车辆及照明系统产品合格证及检测报告； 3.检查台账及定期维护记录； 4.检查瓦斯定期检验记录书及定期检验合格证； 5.检查掌子面瓦斯监测记录。	5	1.瓦斯隧道未编制专项施工方案，现场未按规定配置瓦斯检测人员、人员未经培训并持有效证书，不得分； 2.瓦斯监测记录工作不符合要求、记录不齐全，扣3分； 3.瓦斯隧道使用的防爆电气设备、设施、车辆及照明系统不符合设计要求、产品合格证不齐全，扣1分；			

附录 A　山地轨道工程施工项目安全生产标准化评价实施细则

续表

评价类目	评价项目	评价方法	标准分值	评价标准		得分
				扣分项	否决项	评价记录
七、作业安全（500分）	7.7 隧道工程	3. 施工现场应配置瓦斯检测仪，掌子面瓦斯浓度超标时不得施工		查现场： 1. 现场查验是否按方案或交底施工； 2. 查看瓦斯隧道电气设备、设施及照明系统； 3. 查看瓦斯监测设备、监测掌子面瓦斯浓度	5	4. 现场未定期进行维护并建立记录，扣2分		
		7.7.8 通信信息管理。 1. 隧道内应保持通信畅通，与洞外的应急联络应快捷有效。 2. 长大隧道施工应配备远程监控系统。 3. 项目经理部宜对作业人员进行定位信息管理	查现场： 1. 现场测试隧道内通信设备畅通情况； 2. 现场查看远程监控系统运行情况及运行记录； 3. 查验人员定位信息管理系统及人员信息	5	1. 隧道内未设置通信设施，扣2分； 2. 与洞外应急联络不畅，扣1分； 3. 长大隧道施工无远程监控系统，扣5分； 4. 监控系统故障或失效，扣1～3分； 5. 系统运行记录不清晰，扣1～2分； 6. 未对作业人员设置定位信息管理系统，扣1～2分； 7. 系统运转不畅，扣1～2分		

193

山地轨道工程安全生产标准化建设与管理

续表

评价类目		评价项目	评价方法	标准分值	评价标准		评价记录	得分
					扣分项	否决项		
八、施工设备管理（100分）	8.1 施工设备基础管理	8.1.1 验收及检验管理。 1.项目经理部对进入施工现场的施工设备在使用前应进行验收，特种设备进场应经有资质的检验机构进行检验，合格方可投入使用，并按相关规定进行定期检验和注册登记。 2.施工设备、场内运输车辆的牌证应齐全、有效。 3.项目经理部应对进场的施工设备进行验证	查资料： 检查制造单位生产资质证件。 查现场： 检查施工设备合格证、场内运输车辆牌证等证件	15	1.施工设备进场未经验收就投入使用，扣1分/台； 2.特种设备未定期检验，检验合格证不在有效期内，扣8分/台； 3.施工设备合格证、制造单位生产资质、场内运输车辆牌证等证件不齐全，扣2分/项； 4.监理单位未对进场的施工设备进行验证，扣2分/项			
		8.1.2 档案管理。 1.项目经理部应建立施工设备台账及管理档案，档案应齐全、清晰、准确、有效。 2.项目经理部应及时收集、整理、归档施工设备相关资料	查资料： 1.检查施工设备台账及管理档案。 2.检查施工设备相关资料	5	1.未建立施工设备及管理档案，扣2分； 2.档案资料不完整或与实际情况不符，扣2分； 3.工程项目建设单位（项目部）未及时收集、整理、归档工程项目施工设备相关资料，扣2分			
		8.1.3 危险作业控制。 项目经理部应组织识别大型施工设备安装、使用、维修、拆除的危险点，并制定应对措施，在作业中执行	现场检查大型施工设备安装、使用、维修、拆除点及其应对措施的执行情况	10	1.施工单位未组织识别大型施工设备安装、使用、维修、拆除的危险点，未制定应对措施，扣5分； 2.作业中未按应对措施执行，扣5分			

194

附录 A 山地轨道工程施工项目安全生产标准化评价实施细则

续表

评价类目	评价项目	评价方法	标准分值	评价标准		评价记录	得分
				扣分项	否决项		
八、施工设备管理（100分）	8.2 施工设备使用管理	8.2.1 设备性能及作业环境。 1.施工设备金属结构、电气控制系统无缺陷。 2.安全保护装置齐全可靠。 3.防护罩、盖板、梯子护栏等安全防护设施完备可靠。 4.设备干净整洁，悬挂标识牌，检验合格证，明示安全操作规程。 5.设备基础应进行验收确保符合技术文件要求，并定期检验。 6.设备运行范围内无障碍物，满足安全运行要求。 7.两台及以上机械在同一区域使用，可能发生碰撞时，应制定相应安全措施。 8.项目经理部应建立特种设备作业人员管理台账，并报验。 9.特种作业人员应对特种作业人员持证情况进行检验确认。 10.项目经理部应对特种作业人员持证进行验证并保存记录。 11.特种设备操作人员应按有关规定进行培训。	查现场： 1.现场检查施工设备金属结构、运行有无缺陷；电气控制系统是否齐全可靠； 2.现场检查安全保护装置是否齐全可靠； 3.现场检查设备的标识牌、检验合格证； 4.现场检查作业环境是否满足安全运行要求	20	1.施工设备金属结构、运行机构、电气控制系统存在缺陷，每处扣2分； 2.安全防护装置的设置不符合要求或不能起到保护作用，每处扣2分； 3.设备定期检验、轨道存在缺陷或定期检验未经验收，每处扣2分； 4.作业环境不满足安全运行要求，每处扣2分； 5.两台及以上机械可能发生碰撞，未制定相应安全措施，每处扣2分			

续表

评价类目	评价项目	评价方法	标准分值	评价标准		评价记录	得分
				扣分项	否决项		
八、施工设备管理(100分)	8.2 施工设备使用管理	8.2.2 操作维修保养。 1. 项目经理部应制定施工设备安全检查、维护保养办法。 2. 项目经理部应对施工设备进行日常维护保养;施工设备维修结束后应组织验收,合格后方可投入使用	查资料: 1. 检查有关施工设备安全检查、维护保养办法的文件; 2. 检查施工设备日常维护保养记录	20	1. 工程项目各单位未制定安全检查、维护保养办法,每处扣2分; 2. 施工设备未进行日常维护保养,每处扣2分; 3. 设备维修后未进行检验收投入使用,每处扣2分			
		8.2.3 安全监督检查。 项目经理部应根据施工特点,季节变化、特定危险源、时间周期等对施工设备组织专项检查	查资料: 检查施工设备组织专项检查记录	5	工程项目各单位未根据施工特点,季节变化、特定危险源、时间周期等对施工设备组织专项检查,每处扣1分			
		8.2.4 相关方施工设备管理。 1. 项目经理部对外租、分包单位的施工设备、工程建设期间施工使用的生产起重机械实施统一管理。 2. 外租设备机械设备时必须签订租赁合同,合同中应明确双方的安全责任	查资料: 1. 检查施工设备、生产起重机械统一管理台账; 2. 检查机械设备租赁合同	5	1. 未对外租、分包单位的施工设备、工程建设期间施工使用的生产起重机械实施统一管理,每处扣2分; 2. 外租租赁合同未签订租赁合同,每处扣2分; 3. 外租赁合同中未明确双方安全责任,每处扣1分			

附录 A　山地轨道工程施工项目安全生产标准化评价实施细则

续表

评价类目	评价项目	评价方法	标准分值	评价标准		评价记录	得分
				扣分项	否决项		
八、施工设备管理（100分）	8.3 施工设备安装、拆除管理	8.3.1 特种设备安装前应办理告知手续。 8.3.2 特种设备安装、拆除单位应具有相应资质。 8.3.3 设备安装、拆除作业人员应具备相应的能力和资格。 8.3.4 施工设备施工方案必须编制专项施工方案，内容及审批程序符合要求，作业前应组织安全技术交底。 8.3.5 项目经理部应对特种设备安装、拆除关键工序进行安全监督。 8.3.6 项目经理部对特种设备安装、拆除关键工序进行旁站监督。 8.3.7 安装、拆除单位应对安装、拆除关键工序进行现场指导，安全负责人。 8.3.8 安装、拆除单位要做好安装记录和过程检验记录	查资料： 1. 检查特种设备安装告知手续资料； 2. 检查特种设备的资质、单位和人员的资质； 3. 检查施工方案； 4. 检查特种设备安装记录和过程检验记录。 查现场： 检查特种设备安装、拆除关键工序安全监督、旁站监督情况	20	1. 特种设备安装前未办理告知手续，每处扣2分； 2. 特种设备安装、拆除单位的资质不符合要求，每处扣5分； 3. 设备安装、拆除作业人员不具备相应的能力和资格，每处扣2分； 4. 专项施工方案未经审批或作业前未进行安全技术交底，每处扣5分； 5. 工程项目建设单位（项目部）未对特种设备安装、拆除关键工序进行安全监督，每处扣2分； 6. 工程项目监理单位未对施工设备关键工序进行旁站监督，每处扣2分			

续表

评价类目	评价项目	评价方法	标准分值	评价标准		评价记录	得分
				扣分项	否决项		
九、职业健康（38分） 9.1 健康管理	9.1.1 项目经理部应落实职业病防治责任，落实告知、日常监测、定期报告和防护保障等制度措施	查资料：1. 检查企业设置或任命职业健康管理机构或人员文件；2. 检查企业职业危害管理制度文件；3. 检查企业建立的职业卫生档案文件；4. 检查企业定期职业危害因素监测记录；5. 检查劳动合同。现场检查：现场检查职业危害场所及岗位	8	1. 未设置职业健康管理机构或未指定专兼职人员，不得分；2. 人员不能胜任，不得分；3. 未建立职业危害管理制度，不得分；4. 未按照职业危害监测制度开展日常职业危害监测活动，每项扣1分；5. 未向劳动者告知工作过程中可能产生的职业病危害及其后果，每少1人扣0.5分			
	9.1.2 提供符合职业卫生要求的工作环境和条件；应按规定组织有关从业人员进行职业健康检查，并建立有关从业人员职业健康档案	查资料：1. 检查职业健康检查记录；2. 检查所存的从业人员职业健康监护档案。现场检查：现场检查存在职业危害的作业场所	10	1. 存在职业危害的作业场所防护设施和环境不符合法规及标准规范要求，1项扣2分；2. 未对职业危害岗位人员进行上岗前、在岗期间和离岗时的职业健康检查，每缺少1人扣1分；3. 未建立从业人员健康监护档案，每缺1人扣1分			

198

附录 A　山地轨道工程施工项目安全生产标准化评价实施细则

续表

评价类目	评价项目	评价方法	标准分值	评价标准		评价记录	得分
				扣分项	否决项		
九、职业健康（38分）	9.1 职业健康管理	9.1.3 项目经理部应按规定对存在或者可能产生职业病危害的工作场所、作业岗位、设备，设施设置警示标识和中文警示说明	现场检查：1. 现场检查职业危害告知及公示；2. 现场检查对存在严重职业危害的作业岗位，是否按照《工作场所职业病危害警示标识》（GBZ 158）的要求，在醒目位置设置了警示标识和警示说明	10	1. 对存在严重职业危害的作业岗位未设置标识和说明不得分，缺少标识和说明每处扣0.5分，标识和说明每处内容不全（含职业危害的种类、后果、预防以及应急救治措施等）不全每处扣0.5分；2. 产生职业病危害的用人单位，未在醒目位置设置公告栏，公布有关职业病防治的规章制度、操作规程、职业病危害事故应急救援措施和工作场所职业病危害因素检测结果，每处扣0.5分			
	9.2 职业危害申报	项目经理部应向当地主管部门申报运营过程中存在的职业病危害因素，并接受其监督	查资料：1. 检查企业在作业场所职业病危害申报与备案管理系统中的申报记录；2. 检查企业向所在地安全生产监督管理部门申报备案记录	10	1. 存在职业病危害因素的用人单位未进行作业场所职业病危害申报与备案，不得分；2. 企业针对主管部门提出的整改措施未进行及时整改，每项扣2分			

199

续表

评价类目	评价项目		评价方法	标准分值	评价标准		评价记录	得分
					扣分项	否决项		
十、安全文化（12分）	10.1 安全环境	10.1.1 项目经理部应设立员工安全文化阵地	查资料：检查安全文化宣传资料。现场检查：现场检查员工安全文化阵地	2	1. 未设立安全文化廊、安全角、黑板报、宣传栏等员工安全文化阵地，不得分；2. 员工安全文化阵地内容不符合法规要求，每项不得0.5分			
		10.1.2 鼓励全体干部职工参与举报本单位日常管理中存在的安全隐患。网络平台公开等方式公布举报渠道和举报方式。按照"谁管理，谁受理，谁解决"的原则，项目经理部应分类核实，分类汇总并分类举报行动，安全生产隐患举报行动，定期汇总实时开展，定期汇总更新	查资料：1. 检查安全生产举报投诉及调查管理制度文件；2. 检查安全生产举报投诉登记台账。现场检查：1. 现场检查是否公开了安全生产举报、投诉电话号码、通信地址或电子邮箱等安全生产举报投诉渠道；2. 现场检查是否公布了调查处理结果	2	1. 无安全生产举报投诉制度，扣2分；2. 没有公开安全生产举报投诉渠道，扣2分；3. 对接到的安全生产举报和投诉未及时调查和处理或处理结果未公开，每次扣0.5分			
	10.2 安全行为	10.2.1 项目经理部应建立包括安全价值观、安全愿景、安全使命和安全目标等在内的安全承诺	查资料：1. 检查企业开展安全承诺活动证明资料；2. 检查安全承诺书。询问：抽查询问1至3名员工是否了解安全承诺的内容	2	1. 企业未开展安全承诺活动，不得分；2. 未签订安全承诺书，扣1分；3. 相关人员不了解安全承诺内容，每人次扣0.5分			

附录 A 山地轨道工程施工项目安全生产标准化评价实施细则

续表

评价类目	评价项目	评价方法	标准分值	评价标准		评价记录	得分
				扣分项	否决项		
十、安全文化（12分）	10.2 安全行为	10.2.2 项目经理部应结合项目实际编制员工安全知识手册，并发放到职工	查资料： 1. 检查安全知识手册； 2. 检查安全知识手册发放记录； 询问： 抽查询问1至3名员工对与本岗位相关的安全知识手册内容是否熟悉	2	1. 没有编制手册，不得分； 2. 无发放记录，扣2分； 3. 抽查从业人员，询问人员不了解本岗位相关安全知识手册内容，每人次扣1分		
		10.2.3 项目经理部应组织开展安全生产月活动，安全生产竞赛活动，有方案，有总结	查资料： 1. 检查企业开展安全生产月活动和安全生产班组竞赛活动的方案； 2. 检查相关活动记录资料； 3. 检查相关活动总结材料	2	1. 未制定安全生产月活动、安全生产班组竞赛活动方案，每项扣1分； 2. 未按方案开展相关活动，每项扣1分； 3. 未对相关活动进行总结，每项扣2分		
		10.2.4 项目经理部应对安全生产进行检查、评比、考评，总结和交流经验，推广安全生产先进管理方法，对在安全生产工作中做出显著成绩的集体、个人给予表彰、奖励，并与其经济利益挂钩	查资料： 1. 检查安全生产管理制度文件； 2. 检查定期总结和交流经验、推广安全生产先进管理方法的证明材料； 3. 检查奖励表彰的证明文件	2	1. 未定期开展总结和交流经验、推广安全生产先进管理方法活动，扣2分； 2. 未按规定对安全工作中做出显著成绩的集体、个人给予表彰、奖励，扣2分		

续表

评价类目	评价项目	评价方法	标准分值	评价标准		评价记录	得分
				扣分项	否决项		
十一、风险管理（50分）	11.1 一般要求 项目经理部应开展本单位管理范围内的风险辨识工作，管控重大危险源等工作，落实重大风险责备责任，防范和减少安全生产事故	查资料： 1. 检查企业安全生产风险管理制度文件（含辨识和重大危险源管理制度）和管控内容； 2. 检查企业安全生产风险管理方法（或规则）资料； 3. 检查本单位管理范围内的风险辨识、评估等工作的记录； 4. 检查重大危险源辨识、报备、建档、报控等工作记录	5	1. 未制定发布企业安全生产风险管理工作制度、内容不符合要求，不得分； 2. 未制定发布企业安全生产风险辨识、评估指南（或规则），扣2分； 3. 无风险辨识、评估等工作的记录扣2分，记录不全面或有缺失扣1分； 4. 重大风险源未登记或报备，扣1分； 5. 未开展重大危险源辨识、建档、报备和管控工作，缺1项扣1分			
	11.2.1 项目经理部应制定风险辨识规则，明确风险辨识的范围、方式和程序	查资料： 检查风险辨识规则文件	2	1. 未编制风险辨识规则，不得分； 2. 风险辨识规则中风险辨识范围、方式和程序等内容有缺失，每缺1项扣1分			
	11.2 风险辨识 11.2.2 风险辨识应系统、全面，并进行动态更新	查资料： 检查风险清单。 现场检查： 现场检查重点作业场所、关键岗位、设备	5	1. 风险清单辨识不全面，每缺1项扣1分； 2. 风险清单未及时更新，扣2分			

附录 A　山地轨道工程施工项目安全生产标准化评价实施细则

续表

评价类目	评价项目	评价方法	标准分值	评价标准 扣分项	评价标准 否决项	评价记录	得分
十一、风险管理（50分）	11.2 风险辨识	11.2.3 原则上，新入职员工经培训后1个月内对本岗位开展1次风险辨识，每季度至少开展1次全员安全风险辨识活动，并依据生产经营实际情况开展风险辨识行动，动态更新	查资料：检查开展全员风险辨识记录	2	1. 未开展全员安全风险辨识，不得分； 2. 全员风险辨识记录不完整，扣1分			
		11.2.4 风险辨识应涉及所有的工作人员（包括外部人员）、工作过程和工作场所，安全生产风险辨识结束后应形成风险清单	查资料：检查风险清单	2	风险清单未涉及所有的工作人员（包括外部人员），工作过程和工作场所，每缺1项扣1分			
	11.3 风险评估	11.3.1 项目经理部应从发生危险的可能性和严重程度等方面对风险因素进行分析，选定合适的风险评估方法，明确风险评估规则	查资料：检查风险评估规则	2	1. 企业无风险评估，不得分； 2. 规则未包含风险评估方法选择、评估人员资历、评估程序、评估记录、评估报告编制和归档等要求，缺1项扣1分			
		11.3.2 项目经理部应依据风险评估规则，对风险清单进行逐项评估，确定风险等级	查资料：1. 检查风险分析记录、风险评估报告；	3	1. 无风险分析记录，风险评估报告不得分，每缺1项扣0.5分；			

续表

评价类目	评价项目	评价方法	标准分值	评价标准 扣分项	评价标准 否决项	评价记录	得分
十一、风险管理（50分）	11.3 风险评估	11.3.2 项目经理部应根据风险评估规则，对风险清单进行逐项评估，确定风险等级	检查风险清单； 2. 检查风险清单； 3. 检查重大风险清单	3	2. 风险清单无风险等级不得分，未全部评出风险等级扣1分； 3. 风险等级判定不准确，每条扣1分； 4. 企业未列出重大风险清单，不得分			
		11.3.3 项目经理部应按规定开展桥施工和高边坡施工安全风险评估	查资料： 检查桥隧施工和高边坡施工安全风险评估记录	2	未对桥隧施工和高边坡施工开展安全风险评估，不得分			
		11.3.4 项目经理部应按规定开展地质灾害评估	查资料： 检查地质灾害评估记录	2	未开展地质灾害评估，不得分			
	11.4 风险控制	11.4.1 项目经理部应根据风险评估结果及经营运行情况，按以下顺序确定控制措施： a. 消除； b. 替代； c. 工程控制措施； d. 设置标志警告和（或）管理控制措施； e. 个体防护装备等	查资料： 1. 检查风险控制措施相关文件记录； 2. 检查风险控制措施是否符合规定的控制顺序要求。 现场检查结合询问，现场检查并询问重点岗位和设备设施关键岗位和控制措施落实情况	5	1. 文件未明确企业应根据风险评估结果及经营运行情况等，未按规定顺序确定控制措施，不得分； 2. 风险控制措施不符合相关标准，扣1分； 3. 重点场所、岗位、设备设施的风险控制措施不明确、不合理，不符合要求，每处扣1分			

附录 A 山地轨道工程施工项目安全生产标准化评价实施细则

续表

评价类目	评价项目	评价方法	标准分值	评价标准		评价记录	得分
				扣分项	否决项		
十一、风险管理（50分）	11.4.2 项目经理部应将安全风险评估结果及相关措施告知所采取从业人员，使其熟悉工作岗位和作业环境中存在的安全风险，掌握、落实应采取的控制措施	查资料：检查企业将安全风险评估结果及相关措施告知所采取从业人员的相关档案记录、告知档案文件资料，或告知交底教育等相关活动记录。询问2名专业人员是否熟悉本岗位安全风险评估结果及所采取的控制措施	3	1.企业无将安全风险评估结果及所采取从业人员的告知相关措施档案，或无告知交底档案文件资料，或无岗前教育等相关活动记录，扣2分；2.有关人员不熟悉工作岗位和作业环境中存在的安全风险，每人扣1分；3.未掌握或未落实应采取的控制措施，每处扣1分			
	11.4.3 项目经理部应建立风险动态监控机制，按要求对风险进行监测和监控，及时掌握风险的状态和变化趋势，保证风险得到有效控制	查资料：1.检查风险动态监管管理制度文件；2.检查风险动态监控记录	3	1.企业未制定风险动态监管管理制度，不得分；2.制度未明确监控项目、参数、责任人员、频次和方法等要求，每缺1项扣1分；3.无风险动态监控记录扣1分，缺少1项监控记录扣1分；4.企业风险未得到有效控制，每项扣1分			

205

续表

评价类目	评价项目	评价方法	标准分值	评价标准		评价记录	得分
				扣分项	否决项		
十一、风险管理（50分）	11.5 重大风险管控	11.5.1 项目经理部对重大风险进行登记建档，制定动态监测计划，并单独编制专项应急措施	查资料： 1. 检查企业重大风险登记档案； 2. 检查重大风险监控系统及动态监测计划； 3. 检查重大风险的专项应急措施	3	1. 企业未建立重大风险登记档案、重大风险登记档案内容不全面、不完整，不得分； 2. 重大风险监控系统填报不及时或动态监测计划、计划不正确，扣1分； 3. 未制定动态监测计划、计划不全面，不得分； 4. 未制定针对重大风险的专项应急措施，不得分； 5. 重大风险的专项应急措施不正确或不全面，扣2分		
		11.5.2 项目经理部应当在重大风险所在场所设置明显重大风险安全警示标志，对进入人员的重大风险影响区域、安全防范、应急逃生避险和应急处置等开展相关培训和演练	查资料： 检查培训和演练的计划和记录。 现场检查： 现场检查重大风险所在场所	2	1. 现场未设置明显的安全警示标志，每处扣2分； 2. 未标明重大风险危险特性、可能发生的事件后果、安全防范和应急措施，缺1项扣1分； 3. 无培训计划或演练计划，扣1分； 4. 无培训记录或培训记录不全，扣2分； 5. 无演练记录、演练记录不全扣1分，无演练总结扣1分		

附录 A　山地轨道工程施工项目安全生产标准化评价实施细则

续表

评价类目	评价项目		评价方法	标准分值	评价标准		评价记录	得分
					扣分项	否决项		
十一、风险管理（50分）	11.5 重大风险管控	11.5.3 项目经理部应当将本单位重大风险有关信息通过公路水路行业安全生产信息系统进行登记，构成重大危险源的应向属地负有安全生产监督管理职责的部门备案	查系统：1.检查本单位重大风险通过公路水路行业安全生产信息系统进行登记的记录；2.检查重大危险源通过系统向属地综合安全生产监督管理部门备案的记录。查资料：检查重大危险源备案资料	3	1.未将本单位重大风险有关信息通过公路水路行业安全生产信息系统进行登记，扣2分；2.构成重大危险源的安全生产监督管理部门备案或未报送资质资料，不得分；3.登记（含重大危险源、下同）信息不及时、准确、真实，扣2分			
		11.5.4 重大风险经评估确定等级降低或解除的，项目经理部应于规定的时间内予以销号	查资料：1.检查评估报告；2.检查通过公路水路行业安全生产信息系统进行登记的记录	2	1.重大风险确定等级单位未通过公路水路行业安全生产信息系统予以销号，不得分；2.未在5个工作日内通过公路水路行业安全生产信息系统予以销号，扣1分			
	11.6 预测预警	11.6.1 项目经理部应根据生产经营状况、安全风险管理及隐患排查治理或事故情况，运用定量预警技术，建立安全生产状况及发展趋势的安全生产预测预警机制，利用技术手段	查资料：1.检查包含预测预警的制度文件；	2	1.相关制度文件未包含预测预警要求内容，不得分；2.制度未规定运用预测预警技术或定量预警技术或定量预警定性的，扣2分，定量或定性预测预警技术不合适用生产预测预警系统扣1分；			

续表

评价类目	评价项目	评价方法	标准分值	评价标准		评价记录	得分
				扣分项	否决项		
	提升地质灾害监测预警能力，多渠道及时获取预警预报信息和传递信息，建立专人靶向接收、传递、响应、反馈机制	2.检查定量或定性的安全生产预测预警技术的文件	2	3.未开展预测预警活动，扣2分； 4.采用的预测预警技术未不适合企业重大危险源或重大风险预测预警实际情况，扣1分； 5.安全生产预测预警机制未定期评审扣1分，未根据评审结果予以改进扣1分			
十一、风险管理（50分）	11.6 预测预警	11.6.2 当风险因素达到预警条件时，应及时发出预警信息，并立即采取针对性措施，防范安全生产事故性发生。 1.处于地质灾害易发区，洪涝灾害易发区域的施工工点（特别是跨江、跨河的桥梁施工工点），接到暴雨蓝色及以上预警信息，必须立即停止作业、实施紧急避险撤离。 2.处于地质灾害易发区、受山洪灾害威胁或经地质灾害危险性评估为中等风险及以上的驻地，接到暴雨蓝色及以上预警信息时，必须避险撤离。	查资料： 1.检查发出预警信息的风险因素达到预警条件的规定文件； 2.检查启动应急预案的相关记录；	2	1.未制定发出预警信息的风险因素达到预警条件，每项扣1分； 2.达到预警条件，未发出预警信息，扣1分；			

208

附录 A 山地轨道工程施工项目安全生产标准化评价实施细则

续表

评价类目	评价项目		评价方法	标准分值	评价标准		评价记录	得分
					扣分项	否决项		
十一、风险管理（50分）	11.6 预测预警	3.出现险情，对危险性不能准确判断的，必须紧急撤离；4.接到属地政府或有关行业主管部门通知或危险转移、撤离、撤离的，应无条件立即转移、撤离	3.检查针对性措施的相关记录和台账	2	3.无启动应急预案的相关记录，扣1分；4.无采用相关针对性措施的记录和台账，扣1分			
十二、隐患排查治理和治理（50分）	12.1 隐患排查	12.1.1 项目经理部应落实隐患排查治理和防控事故隐患排查，组织实行从隐患排查、记录、治理、销账到报告的闭环管理	查资料：1.检查隐患排查治理和防控制度；2.检查隐患排查报告	5	1.企业未制定隐患排查治理和防控制度，不得分；2.企业未明确隐患排查治理的责任部门和人员，扣2分；3.制度未明确安全隐患排查、记录、监控、治理、销账和报告等闭环要求，扣3分			
		12.1.2 项目经理部应依据有关法律法规、标准规范等，组织制定各部门、岗位、设备设施的隐患排查标准或排查清单，明确隐患排查的时限、范围，内容和要求，并组织开展相应的培训。隐患排查的范围应包括所有生产经营相关的场所、人员、设备设施和活动，包括所有包和供应商等相关服务范围	查资料：1.检查隐患排查方案或排查清单；2.检查隐患排查的时限、范围、记录；3.检查培训的计划和记录	5	1.未组织制定各部门、岗位、场所、设备设施或排查标准或治理的隐患排查方案扣2分、缺1项扣0.5分；2.未制定年度隐患排查方案扣1分、隐患排查的时限扣0.5分、内容要求缺1项扣0.5分；3.隐患排查的范围未包括所有生产经营相关的场所、环境、人员、设备设施和活动，每缺1项扣1分；4.无开展相应的培训的计划和记录，扣1分			

续表

评价类目	评价项目		评价方法	标准分值	评价标准		评价记录	得分
					扣分项	否决项		
十二、隐患排查和治理(50分)	12.1 隐患排查	12.1.3 项目经理部应当建立事故隐患日常排查、定期排查和专项排查工作机制,明确隐患排查频率,并根据政府及有关部门和上级单位安全生产部署、季节性条件变化情况进行专项安全生产排查	查资料: 检查隐患排查记录	5	1. 未开展事故隐患日常排查、定期排查和专项排查工作不得分,缺1项扣2分; 2. 日常排查每周少于1次,扣1分; 3. 定期排查每半年少于1次,扣1分; 4. 无根据政府及有关部门安全工作的专项部署、季节变化或安全生产条件变化情况进行专项排查的记录,扣2分			
		12.1.4 项目经理部应填写事故隐患排查记录,依据确定的隐患等级划分标准对发现或排查出的事故隐患进行判定,确定事故隐患等级并进行登记,形成事故隐患清单(台账)	查资料: 1. 检查企业重大隐患判定标准文件; 2. 检查隐患排查记录; 3. 检查事故隐患清单; 4. 检查企业通过系统格重大事故隐患向属地安全生产监督管理部门备案的记录	5	1. 企业未制定本企业重大隐患判定标准,扣2分; 2. 未依据标准对发现或排查出的隐患等级进行判定,扣1分; 3. 未确定事故隐患等级并进行登记,形成事故隐患清单,扣2分; 4. 无较重大事故隐患向属地负有安全生产运输管理职责的交通运输部门备案的记录,扣2分			

附录 A 山地轨道工程施工项目安全生产标准化评价实施细则

续表

评价类目	评价项目	评价方法	标准分值	评价标准 扣分项	评价标准 否决项	评价记录	得分
十二、隐患排查和治理（50分） 12.2 隐患治理	12.2.1 对于一般事故隐患，项目经理部应按照职责分工立即组织整改，确保及时进行治理	查资料：检查隐患排查治理记录	5	1. 企业未保留相关文件资料及活动记录，扣2分； 2. 未及时组织隐患治理或整改不到位，扣1分； 3. 未做到治理措施、定负责人、定资金来源、定预案，缺1项扣0.5分； 4. 未落实一般安全隐患防范和整改措施，扣1分			
	12.2.2 对于重大事故隐患，项目经理部应专项组织制定专项隐患整改方案，并确保整改措施、责任、资金、时限和预案"五到位"。整改方案应包括： ——整改的目标和任务； ——整改方案和整改期的安全保障措施； ——经费和物资保障措施； ——整改责任部门和人员； ——整改时限及节点要求； ——应急处置措施； ——跟踪督办及验收部门和人员	查资料： 1. 检查重大隐患清单； 2. 检查专项隐患治理整改方案和记录	5	1. 未组织制定专项隐患治理整改方案，缺1项扣1分； 2. 专项整改方案不符合要求，每处扣1分； 3. 无"五到位"的记录和证据，扣1分			

211

续表

评价类目	评价项目	评价方法	标准分值	评价标准		评价记录	得分
				扣分项	否决项		
十二、隐患排查和治理(50分)	12.2 隐患治理	12.2.3 项目经理部在事故隐患整改过程中,应采取相应的监控防范措施,防止发生次生事故	查资料: 1.检查企业在事故整改过程中,采取相应的防范措施的记录和证据; 2.检查事故报告	5	1.无企业在事故隐患整改过程中采取相应的监控防范措施的记录和证据,扣2分; 2.发生次生事故,扣3分			
		12.2.4 事故隐患整改完成后,项目经理部组织验收,出具整改验收结论,并签字确认。重大事故隐患整改验收通过的,项目经理部应将整改验收结论向属地负有安全生产监督管理职责的政府部门报备,并申请销号	查资料: 检查隐患整改验收记录。 查系统: 1.检查重大事故隐患报备资料; 2.检查销号申请和申报材料	5	1.一般隐患整改单位未组织验收,扣2分; 2.没有整改验收结论记录,扣1分; 3.验收主要负责人未签字确认,扣1分; 4.重大事故隐患整改验收通过后,企业没有将整改验收结论向属地负有的交通运输监督管理职责的部门报备,扣2分; 5.没有销号申请记录,扣1分; 6.报备申请材料不包括重大隐患基本情况及整改方案、验收机构或验收基本情况、隐患验收结论报告,扣3分			

附录 A 山地轨道工程施工项目安全生产标准化评价实施细则

续表

评价类目	评价项目		评价方法	标准分值	评价标准		评价记录	得分
					扣分项	否决项		
十二、隐患排查和治理(50分)	12.2 隐患治理	12.2.5 项目经理部应对重大事故隐患形成评估、原因分析、整改工作进行分析评估和制措施和制度完善相关规定和制度对相关责任人进行处理,并开展针对性的培训教育	查资料: 1.检查重大隐患分析评估记录和文件资料; 2.检查对相关制度完善和措施的修改完善记录; 3.检查依据规定和制度对相关责任人进行处理的文件记录; 4.检查开展针对性培训教育的记录	5	1.无生产经营单位对隐患形成原因及整改工作进行分析评估的记录和文件资料,扣2分; 2.未根据分析评估结果,对相关制度修改完善,扣1分; 3.无依据规定和制度对相关责任人进行处理的文件记录,扣2分; 4.无开展针对性培训教育的记录,扣1分			
		12.2.6 挂牌督办的重大安全隐患应按相关规定及时整治并销号	查资料: 1.检查隐患排查工作台账; 2.检查对隐患治理情况进行统计分析的记录	5	1.生产经营单位填写的隐患排查工作台账不完整、不规范,评估措施、整制措施、告等过程记录保存,未及时归档保存,每项扣1分; 2.隐患排查不规范,缺治理方案、验收报告书,每项扣1分; 3.未进行统计分析,扣1分; 4.未根据分析报告改进安全生产工作扣2分,有改进但无记录扣1分			

续表

评价类目	评价项目		评价方法	标准分值	评价标准		评价记录	得分
					扣分项	否决项		
十三、应急管理（50分）	13.1 预案制定	13.1.1 项目经理部应开展安全风险评估和应急资源调查的基础上，建立生产安全事故应急预案体系，制定符合GB/T 29639 规定的生产安全事故应急预案，针对安全风险较大的重点场所（设施）制定现场处置方案，并编制重点岗位人员应急处置卡	查资料： 1. 检查安全风险评估和应急资源调查报告； 2. 检查生产安全事故应急预案； 3. 检查现场处置方案及重点岗位、人员的应急处置卡	10	1. 未编制安全风险评估和应急资源调查报告，扣1分； 2. 生产安全事故应急预案体系资源调查不全，每项扣2分； 3. 现场处置方案不全，每项扣2分； 4. 重点岗位、人员应急处置卡不全，或处置卡信息不完整，每项扣1分			
		13.1.2 应急预案应与地政府、行业主管部门、上级单位预案保持衔接，按规定备案，通报有关协作单位	查资料： 1. 获取当地政府应急预案； 2. 检查应急预案报当地有关部门备案的记录； 3. 检查应急预案通报有关协作单位的记录	3	1. 未明确如何将企业突发事件应急预案与行业主管部门、政府预案保持衔接，扣3分； 2. 突发事件应急预案未报属地行业主管部门和当地政府安全监督管理等部门，扣2分； 3. 未与协作单位联动，扣1分			

附录A 山地轨道工程施工项目安全生产标准化评价实施细则

续表

评价类目	评价项目		评价方法	标准分值	评价标准		评价记录	得分
					扣分项	否决项		
十三、应急管理（50分）	13.1 应急预案制定	13.1.3 项目经理部应组织开展预案评审，并定期进行评估和修订	查资料： 1. 检查应急预案定期评审的管理规定； 2. 检查应急预案的定期评审记录，包括评审会议记录、应急预案评审签到表、应急预案评审记录等； 3. 检查应急预案修订相关记录	3	1. 未将应急预案执行情况纳入企业安全生产标准化定期评审制度，不得分； 2. 未按规定对应急预案进行定期评审，不得分； 3. 未根据评审情况对预案进行修改完善，不得分； 4. 应急预案修订未向事先报备或通报的单位或部门报告，不得分			
	13.2 应急管理队伍		项目经理部按照有关规定建立应急管理机构或指定专人负责应急管理工作，建立与本项目安全生产特点相适应的专（兼）职应急救援队伍	查资料： 1. 检查建立应急管理组织机构或专兼职应急救援队伍的文件； 2. 检查应急救援队伍职责规定文件； 3. 检查应急救援人员名单。 询问： 询问1～3名应急救援人员的联系方式并验证	5	1. 未明确相应的专兼职应急救援队伍的组成、职责，扣5分； 2. 未汇编应急救援人员的岗位、姓名、联系方式，扣3分； 3. 按应急救援人员名单，抽查1～3名，联系方式等信息不准确，扣2分			

续表

评价类目	评价项目	评价方法	标准分值	评价标准		评价记录	得分
				扣分项	否决项		
十三、应急管理（50分）	13.3 应急物资	13.3.1 项目经理部应根据可能发生的事故种类特点，按照有关规定，落实应急通信设备、应急照明、高频喇叭、生活必需品等应急物资	查资料： 1. 检查公司应急物资/设施台账； 2. 检查应急物资购置、更新、发放台账。 现场检查： 现场检查应急物资、装备储备所配备的种类、数量	5	1. 未按规配备相应的应急物资/装备，扣5分； 2. 未及时配置和更新应急物资，每缺少1项扣0.5分			
		13.3.2 项目经理部应建立管理台账，安排专人管理，并定期检查、维护，保养，确保其完好、可靠	查资料： 1. 检查应急物资购置、更新、发放台账； 2. 检查应急物资/装备定期检测，维护和保养记录。 现场检查： 检查应急装备的使用状态	3	1. 未建立应急装备保养、维护，检查检测，使用状况的台账和档案扣3分，记录不详细扣1分； 2. 未按规定对应急装备进行日常维护和检查，每个扣1分			
	13.4 应急演练	13.4.1 项目经理部应按照规定期组织应急救援预案演练，做到事故组织应急预案演练，一线从业人员参与应急演练全覆盖	查资料： 1. 检查应急预案演练计划； 2. 检查应急预案演练记录、包括应急预案演练通知、演练方案、演练签到表、演练记录及影像资料	5	1. 未按规定制定应急预案演练计划并印发，不得分； 2. 未按计划开展应急演练，应急并未留应急演练记录，不齐全不真实，扣3分			

附录 A 山地轨道工程施工项目安全生产标准化评价实施细则

续表

评价类目	评价项目	评价方法	标准分值	评价标准		评价记录	得分
				扣分项	否决项		
十三、应急管理（50分）	13.4 应急演练	13.4.2 每年汛期来临前，至少组织一次"断路、断电、断通信"条件下的实战化演练，确保驻地人员熟知避险转移条件、信号、线路、避险点	查资料：检查汛期应急演练相关资料	3	1. 未开展汛期应急演练，不得分；2. 汛期应急演练相关资料不齐全，每处扣1分			
		13.4.3 项目经理部应按照规定对演练进行总结和评估，根据评估总结和演练发现的问题，修订、完善应急预案，改进应急准备工作	查资料：1. 检查应急演练总结和评审记录、评审报告（明确应急演练责任人和要求）；2. 检查应急演练总结、评审记录，评审报告；3. 检查演练发现问题的分析整改资料；4. 检查应急预案修订相关资料	5	1. 未明确应急演练责任人和要求，扣2分；2. 未及时编写评审报告扣5分，评审报告内容不完善扣1~2分；3. 评审资料不完善，扣2分；4. 未针对存在的问题、应急预案提出修订意见并及时修订，扣3分			
	13.5 应急处置	13.5.1 发生事故后，项目经理部应根据应急预案要求，按照有关规定启动应急程序，响应有关规定报告事故情况，并开展先期处置	查资料：1. 检查事故台账；2. 检查事故调查处理报告	5	1. 未发生过事故，本项得满分；2. 接到事故信息后，未按规定及时启动应急预案，并实施现场应急救援，扣5分；3. 应急预案不能起到快速反应、迅速处置，避免人员伤亡、减少财产损失、降低环境污染程度的作用，扣3分；4. 未按规定向有关部门报告事故情况，扣3分			

217

续表

评价类目	评价项目	评价方法	标准分值	评价标准		评价记录	得分
				扣分项	否决项		
十三、应急管理（50分）	13.5 应急处置	13.5.2 施工驻地必须坚持汛期"三查"，严格落实"三个避让""三个撤离"企地联动刚性规定，建立黄蓝"预警信息处置方案；坚决执行预警信息处置方案，接到预警信息时，对应处置方案，特别是处于地质灾害易发区、受山洪灾害威胁或地质灾害危险性评估为中等风险以上的驻地，接到暴雨蓝色及以上预警信息时，必须避险撤离，严禁犹豫不决、拖延转移	查资料：1. 检查预警信息处置方案；2. 检查暴雨蓝色及以上预警信息处置情况记录	3	1. 未制定预警信息处置方案，不得分；2. 接到暴雨蓝色及以上预警信息未按规定处置，扣1～3分			
十四、事故报告和调查处理（20分）	14.1 事故报告	14.1.1 项目经理部应建立事故报告程序，明确事故内外部报告的责任人、时限、内容等，并教育指导从业人员严格按照有关规定的程序报告发生的生产安全事故	查资料：1. 检查关于事故报告的规定；2. 检查事故报告	3	1. 事故报告程序规定的内容不够充分、完整，扣2分；2. 未按事故报告程序的规定，在发生事故后，进行内外部报告，扣2分；3. 事故报告过程的资料保留不全，扣1～2分			

附录 A 山地轨道工程施工项目安全生产标准化评价实施细则

续表

评价类目	评价项目		评价方法	标准分值	评价标准		评价记录	得分
					扣分项	否决项		
十四、事故报告和调查处理（20分）	14.1 事故报告	14.1.2 发生事故，项目经理部应及时进行事故现场处置，按相关规定及时、如实向有关部门报告，不得瞒报、谎报、迟报	查资料： 1. 检查关于安全生产事故报告的规定； 2. 检查事故记录、台账等； 3. 检查事故报告	2	1. 未制定安全生产事故报告的规定，责任不明确，内容不完善，不满足规定要求，不得分； 2. 事故发生后，现场负责人未迅速采取有效措施组织抢救，防止事故扩大，减少人员伤亡和财产损失，不得分； 3. 未及时、准确、如实向有关部门报告，有瞒报、谎报、迟报情况，不得分； 4. 事故报告缺事故发生时间、地点以及事故现场情况，事故的简要经过、事故已造成或者可能造成的伤亡人数（包括下落不明的人数）、水域环境污染情况、初步估计的直接经济损失、已经采取的措施等内容，不得分			
		14.1.3 施工驻地发生地灾或出现地灾险情时，必须按规定及时上报，不得迟报、漏报、谎报、瞒报	查资料： 检查发生地灾或出现地灾险情时上报情况记录	2	发生地灾或出现地灾险情时，未上报情况的，不得分			

续表

评价类目	评价项目		评价方法	标准分值	评价标准		评价记录	得分
					扣分项	否决项		
十四、事故报告和调查处理(20分)	14.1 事故报告	14.1.4 项目经理部应跟踪事故发展情况,及时续报事故信息	查资料: 1. 检查关于安全生产事故报告的规定; 2. 检查续报事故信息相关记录	2	1. 未明确及时续报信息要求,扣2分; 2. 续报事故信息未保留记录扣2分,记录不完整扣1~2分			
	14.2 事故调查与处理	14.2.1 项目经理部应积极配合各级人民政府组织的事故调查,随时接受事故组的询问,如实提供有关情况	查资料: 1. 检查事故调查规定; 2. 检查事故报告调查资料	2	1. 未制定事故调查规定扣2分,规定中相关职责不明确、内容操作性差扣1~2分; 2. 查事故调查台账,未按规定成立事故调查组进行内部调查,扣2分。 3. 未积极配合事故调查及如实提供有关情况,扣2分。			
		14.2.2 项目经理部按时提交事故调查报告,分析事故原因,落实整改措施	查资料: 1. 检查事故报告调查相关规定; 2. 检查事故调查报告; 3. 检查事故原因分析及整改措施资料	2	1. 事故报告调查规定的内容不充分,扣1~2分; 2. 企业未及时上报事故报告,扣2分; 3. 未进行事故原因分析、落实整改有关措施,扣2分			

附录 A 山地轨道工程施工项目安全生产标准化评价实施细则

续表

评价类目	评价项目		评价方法	标准分值	评价标准		评价记录	得分
					扣分项	否决项		
十四、事故报告和调查处理（20分）	14.2 事故调查与处理	14.2.3 发生事故后，项目经理部应及时组织事故分析，并在项目经理部内部进行通报	查资料： 1. 检查安全生产事故追究记录； 2. 检查事故责任追究档案； 3. 检查事故责任追究处理结果报上级主管部门备案的资料	2	1. 应制定完善的安全生产事故办法且印发实施，未制定扣2分，未印发扣1分； 2. 针对已经发生的安全生产事故，按"四不放过"原则对责任领导和相关责任人实施责任追究和处理，追责处理不到位，扣1~2分； 3. 处理结果按规定报有关主管部门备案，未报有关部门备案，扣2分			
		14.2.4 项目经理部应按"四不放过"原则严肃查处事故，严格追究相关责任人	查资料： 1. 检查承包商、分包商事故管理规定； 2. 检查事故档案和事故管理台账； 3. 检查承包商、供应商事故调查处理资料	2	1. 未制定承包商、分包商安全事故管理规定扣1~2分，内容不充分扣1~2分； 2. 未按规定对供应商、分包商安全生产事故进行管理，扣2分； 3. 事故调查处理资料不完整，扣1~2分； 4. 供应商、分包商事故档案和管理台账不全，有1处扣1分			

续表

评价类目	评价项目	评价方法	标准分值	评价标准		评价记录	得分
				扣分项	否决项		
十四、事故报告和调查处理（20分）	14.3 事故档案	项目经理部应建立事故档案和管理台账，将承包商、供应商等相关方在项目经理部发生的事故纳入项目事故管理	查资料： 1. 检查承包商、分包商安全事故管理规定； 2. 检查事故档案和供应商事故处理台账； 3. 检查承包商、供应商事故调查处理资料	3	1. 未制定承包商、分包商安全事故管理规定扣2分，内容不全扣1~2分； 2. 未按规定对供应商安全生产进行管理扣2分； 3. 事故调查处理资料不完整，扣1~2分； 4. 供应商、分包商事故档案和管理台账不全，有1处扣1分			
十五、绩效评定与持续改进（10分）	15.1 绩效评定	15.1.1 企业应每年至少对本单位安全生产标准化管理体系的运行情况进行一次自评，验证各项安全生产制度措施的适宜性、充分性和有效性	查资料： 1. 检查安全生产标准化自评管理规定； 2. 检查开展自评活动的记录、报告等	3	1. 未建立安全生产标准化自评管理制度扣3分； 2. 自评活动的策划、实施、总结、报告等不符合要求，每处扣1分			
		15.1.2 企业主要负责人全面负责自评工作。自评结果形成正式文件，所属单位和从业人员通报，作为年度考评的重要依据	查资料： 1. 检查主要负责人组织实施自评工作的证明材料； 2. 检查自评报告； 3. 检查自评报告向所有部门、所属单位和从业人员通报的证明材料	3	1. 未提供主要负责人组织实施自评工作的证明材料，扣3分； 2. 自评报告内容或自评范围不完整，每处扣1分； 3. 自评报告未向所有部门、所属单位和从业人员通报，扣1分			

附录A 山地轨道工程施工项目安全生产标准化评价实施细则

续表

评价类目	评价项目	评价方法	标准分值	评价标准		评价记录	得分
				扣分项	否决项		
十五、绩效评定与持续改进（10分）	15.2 持续改进	企业应根据安全生产标准化管理体系的自评结果和安全生产预测预警系统评定所反映的情况，以及绩效评定结果，客观分析企业安全生产标准化管理体系的运行质量，反时调整完善安全生产目标、指标、规章制度、操作规程等相关管理文件和过程管控，持续改进，不断提高安全生产绩效	查资料：1.检查安全管理制度综合评价与改进制度文件；2.检查安全生产标准化管理综合评价与改进制度落实文件；3.检查综合评价中发现问题的整改材料；4.检查相关机构颁发的管理体系认证证书	4	1. 未制定安全管理体系综合评价与改进制度，不得分；2. 未按要求对安全生产标准化管理体系进行综合评价扣分析，扣2分；3. 未对评价分析出的问题提出整改措施并组织实施，每项扣2分；4. 未取得有效的管理体系认证书，扣2分			

评分说明：
所有指标中要求的内容，如评审企业不涉及此项工作或当地主管机关未要求开展，视为不涉及项处理，所得总分按照千分制比例进行换算。如：某企业不涉及项分数为100分，对照千分表去除不涉及项得分为720分，最终评价得分为720分/900×1000＝800分。